오십의 심리 처방전

누구도 알려주지 않았던 오십의 마음 사용법

# 오십의 심리 처방전

김은미 지음

✥ 지은이의 말 ✥

# 오십, 귀 기울이는 태도가
# 필요한 때

심리학자로서 50대를 앞두었거나 이미 50대인 이들에게 어떤 이야기를 하는 것이 좋을까? AI 시대가 오면서 과거와 다른 패러다임이 일어나고 있다는 게 개인적으로나 사회적으로 느껴진다. AI 시대에 발맞추기 위해 우리는 어떤 도전을 해야 할까?

  만약 이 책을 읽고 있는 당신이 40대라면 "도전해보세요. 아직 늦지 않았어요"라고 당당하게 말해주고 싶다. 우리는 변화하는 시대에서 살아가기 위해 끊임없이 변화의 움직임을 알고 있어야 하고 배워야 한다. 이는 나이와 관련이 없다.

  의료 과학의 발달로 많은 사람들이 훨씬 더 건강하고 풍요롭게 살아가고 있다. 다만 오십이라는 나이가 되면 노화의 신호를 명확하게 느끼는 것도 사실이다. 계절이 바뀔 때면 기온차를 급격히 느끼고, 이에 적응하기 위해 우리의 몸은 더 많은 에너지를 쓴다. 그 결과 평소보다 피로감을 더 느낀다.

오십이라는 나이는 건강에도 적신호가 켜지는 나이다. 아침저녁으로 챙겨 먹어야 할 건강보조식품이 늘어가는 때이기도 하다. 게다가 몸에 좋다는 운동도 한 번씩은 시도해본다.

우리에게는 사회적 나이라는 게 있다. 이는 사회에서 정해놓은 나이를 말한다. 투표할 수 있는 나이, 운전면허증을 딸 수 있는 나이, 노령연금을 받을 수 있는 나이 등이 그렇다. 이렇게 본다면 50대는 사회적으로 봤을 때 은퇴 시기에 가까워진 연령이다. 사회적으로 물러날 것을 암묵적으로 전달받는 시기이기도 하다.

그럼에도 우리의 마음은 아직 청춘이다. 뭔가를 더 하고 싶고, 할 수 있으며, 아직은 건강한 시기. 젊은 세대보다 풍부한 경험이 있기에 세상과 사람에 대해 '조금은' 알고 있는 시기가 지금의 50대다. 그렇기에 쉽게 흥분하지 않고 목소리를 높이지도 않으며 내가 생각하는 바가 무조건 옳다고 주장하지 않는다.

신체적으로만 보면 조금씩 기울어 가지만 그렇다고 빨라지지는 않을 것이다. 그러므로 우리에게는 비교적 건강하게 살아갈 날들이 최소 40년은 남아 있다. '석유왕'이라고 불린 사업가

존 록펠러(John Rockefeller)만 봐도 60세가 되었을 때 자선사업에 관심을 가졌다고 하니, 50대까지는 쌓아가는 시기라면 그 다음에는 '잘 나누도록' 힘써야 하는 시기인 것 같다.

오십이 되면 그동안 살아온 길을 천천히 살펴보게 되고, 잘 살아왔는지 반추하게 된다. 발달학자인 에릭 에릭슨(Erik Erikson)은 이 경험을 통해서 자아통합감을 경험하는 것이라고 했다. 자아통합감을 경험하는 상태가 될 때야말로 '잘' 나이 들어가는 것이고, 이후에도 만족스러운 삶을 살아간다고 했다.

자아통합감은 신체적인 건강 상태뿐 아니라 경제적인 측면도 영향을 미친다. 또한 가족 관계, 친구들과의 관계도 영향을 미친다. 혹자는 이렇게도 말한다. "나이가 들면 새로운 관계를 맺는 것보다 지금의 관계를 소중히 여기는 것이 훨씬 중요하다"라고 말이다.

우리의 삶은 온전히 개인의 것이다. 그러므로 개인의 만족을 채우는 방향으로 살아가야 한다. '삶을 사는 방식에 정답은 없다'라는 생각을 한 적도 있다. 그때만 해도 색안경을 끼고 세상과 사람을 바라보았던 것 같다. 어떤 안경이냐에 따라 세상이 달리 보였다.

오십이라는 나이가 되면 세상을 살아온 경험을 바탕으로 좀 더 너그러워져야 하는 것은 사실인 것 같다. 세상이 내 마음대로 돌아가지 않고, 내 의지대로 이루어지는 것도 아니라는 것을 경험으로 안다. 때로는 의지를 갖고 대했던 삶의 자세를 존중해야 하고, 성실함으로 일관했던 생활 태도를 존중할 수 있어야 한다.

사람들에게는 각각의 재능이 있다. 우리는 그 재능을 볼 수 있는 눈을 가져야 한다. 자신은 물론이고 타인을 너그럽게 바라보는 시선과 경청하는 태도가 필요하다.

상담심리학에서는 경청의 중요성을 이야기한다. 잘 듣는 것, 온몸으로 듣는 것. 이야기 내용에만 관심을 기울이는 게 아니라 말하는 이의 표정, 몸짓, 목소리 톤, 말의 빠르기 등에도 주의를 기울여야 상대방의 마음을 알 수 있다.

지금은 귀 기울이는 태도가 필요한 때다. 아직은 고집이나 아집에 빠지지 않고 생각할 수 있는 인지적 능력이 있으며, 구세대의 가치가 소중하다고 인정할 수 있는 시기가 바로 오십이다. 그러므로 너그러운 눈과 마음을 가질 수 있도록 지금 열심히 훈련하고 시간을 할애해야 한다. 오십 이후의 삶은 지금보다 더 행복하고 만족스럽게 보내야 하기 때문에.

김은미

# 차례

지은이의 말_오십, 귀 기울이는 태도가 필요한 때 • 4

## PART 1
## 나의 선택은 온전히 나를 위한 것이다

관계 맺기, 지구력을 떠받치는 핵심이다 • 17
작은 일에도 감사하는 마음으로! • 22
친사회적 활동이 행복을 준다 • 26
당연한 책임과 희생은 없다 • 31
지금 하지 않으면 안 될 것들 • 36
변하는 세상에 잘 적응하기 위해서 • 40
우리가 자녀에게 물려주어야 할 것들 • 44
아름다운 세상을 있는 그대로 보려면 • 47
나이 오십에도 걷기 연습이 필요한 이유 • 50
각자의 삶을 존중하고자 졸혼을 선언하다 • 53

## PART 2
## 인생은 항상 또 다른 길이 열려 있다

| | |
|---|---|
| 어차피 인생은 바이셀프 | • 65 |
| 내 선택은 최고의 선택이었다 | • 71 |
| 배려에는 강력한 힘이 있다 | • 75 |
| 찾으라, 우리에게는 또 다른 길이 있다 | • 78 |
| 그만두어야 새로 시작할 수 있다 | • 82 |
| 만족스러운 결혼 생활의 기본 전제 | • 85 |
| '효자 콤플렉스'에서 조금은 벗어나보자 | • 90 |
| 고장이 나면 고쳐서 쓰면 되는 거지 | • 93 |
| 나는 그렇게 안 살 거야 | • 96 |
| 내 삶에 통제력을 채워주자 | • 100 |

## PART 3
## 스스로 미해결 과제를 찾아서 채운다

때로는 눈과 마음으로 맛을 느껴보라 · 105
마음의 소리에 귀를 열어봐 · 111
마음의 눈으로 향기를 맡다 · 116
누구에게나 있는 마음의 꽃밭 · 120
나의 미해결 과제를 찾고 채우다 · 125
때로는 선택권을 주는 것도 괜찮다 · 132
곳간을 비우니 곳간이 채워진다 · 137
모든 게 다 생각하기 나름이에요 · 140
농익은 울림의 톤을 맞추다 · 144
혹독한 겨울을 보내야만 봄꽃을 피운다 · 147

PART 4

## 물은 흘러야 썩지 않는다

| | |
|---|---|
| 응원만으로도 마음이 풍요로워지는 순간 | • 155 |
| 작은 변화로 시간의 속도를 늦춰보라 | • 158 |
| 외로움은 누군가가 채워주는 것이 아니다 | • 161 |
| 그럼에도 불구하고 현실을 살아가는 지혜 | • 165 |
| 생각하는 사람과 행동하는 사람 사이에서 | • 170 |
| 흐르는 물은 썩을 틈이 없다 | • 172 |
| 어떻게 늙어갈지 함께 고민해본 적이 있었던가? | • 177 |
| 어느 한순간도 내가 선택하지 않은 건 없다 | • 182 |
| 아리쇠로 균형을 맞출 수 있을까? | • 185 |
| 다가올 60대, 후회하지 않으려면 | • 190 |

## PART 5
# 나를 돌아보며 역사를 만든다는 것

| | |
|---|---|
| 스트레스와 친구가 되어야 하다니! | • 197 |
| 세상이 아름다워 보이게 하는 마법은 있다 | • 201 |
| 가까워질 순 있으나 하나가 되어선 안 된다 | • 205 |
| 나를 주인공으로 하는 위인전을 만들어보라 | • 209 |
| 눈이 즐거운 단풍만이 내년을 준비한다 | • 214 |
| 마음의 면역력은 어떻게 생기는 걸까? | • 218 |
| 비현실적인 낙관성을 장착한 채 살아가보자 | • 222 |
| 행복은 이 순간 느끼는 감정이다 | • 226 |
| 좋은 소식에 슬퍼하고 나쁜 소식에 기뻐하다 | • 229 |
| 행복은 혹독한 시간을 버티게 한다 | • 236 |

# PART 1

## 나의 선택은 온전히 나를 위한 것이다

# 관계 맺기,
# 지구력을 떠받치는 핵심이다

어느 날, 해외 토픽에서 재미난 기사 하나를 보았다. '새로운 아르바이트가 사람들에게 인기가 있다'는 내용이었다. 그 아르바이트는 신청자 곁에서 같이 달려주거나 걸어주는 일이었다. 시간을 예약한 뒤 약속 장소에서 만나 같이 달려주는 것인데, 의외로 사람들이 예약을 많이 한다는 것이다.

사람들은 본인 의지대로 살아간다. 다만 무엇인가를 시도해서 이를 유지하는 일은 쉽지 않다. 그래서 우리는 무엇인가를 지속적으로 하기 위해 나름의 방법을 모색하곤 한다. 스스로에게 보상을 주거나 주변 사람들에게 자신의 생각을 공표하기도 한다. 그러면서 시도했던 것들을 스스로 지키려고 한다.

인간은 누구나 죽음을 맞이한다. 한 번뿐인 삶을 좀 더 잘 살아보려고 우리는 일을 하고 휴가를 가고 사람들과 만나 즐거움을 나눈다. 나이가 들어갈수록 건강에 대한 관심도 높아진다. 몸에 좋다는 것을 찾아다니고 몸에 좋다는 음식을 찾아서 먹는다. 때로는 어떤 제품이 몸에 좋다고 했다가 어떤 때는 해롭다고도 한다. 때로는 어떤 제품이 유행을 타기도 한다. 한동안 오메가3가 그랬고, 크릴 오일이 그랬다.

그럼에도 불변의 관심은 '운동'에 대한 관심이다. 부작용도 없고 규칙적으로 한다면 그 무엇보다 좋은 게 운동이다. 매스컴에서는 허리에 좋은 운동, 뱃살을 빼는 데 좋은 운동, 팔뚝 탄력에 도움을 주는 운동, 근육을 키우는 데 좋은 운동 등 다양한 운동을 소개한다.

다양한 운동에 대해 자세히 알려주는 매체들이 있는데도 우리는 끊임없이, 그리고 반복적으로 유행하는 운동을 좇는다. 마치 운동 방식에 문제가 있는 것처럼 말이다. 건강보조식품에도 유행이 있는 것처럼 운동에도 유행이 있어서 사람들의 관심이 옮겨간다.

그런데 문제는 운동을 혼자서 지속적으로 이어가기가 어렵다는 것이다. 그래서 며칠만 하다가 일정이 생기면 하루, 이틀

빼먹는다. 지속성을 상실하는 것은 너무나 신기하게도 사람들이 잘 학습한다. 그래서 '안 하는 것'에 익숙해진다.

우리는 대개 한꺼번에 결제하면 비용을 많이 깎아주는 회원권을 끊고 운동을 시작한다. 저렴한 가격에 운동을 하고 있다고 생각하지만 사실은 착각이다. 대다수가 한 달도 못 채우니 말이다. 그런 만큼 '걷기'는 더할 나위 없이 좋다. 비용 면에서 자유롭기 때문이다. 다만 규칙성이 없다는 게 단점이다.

여러 가지 형태로 건강에 관심을 갖고 좀 더 오래, 좀 더 건강하게 살기 위한 방법들은 많다. 이에 맞는 식단과 운동이 그렇다. 다만 유행처럼 잠시 스쳐갈 뿐이다. 중요한 것은 방법의 문제라기보다 얼마나 꾸준하게 지속하느냐다. 지구력을 가지고 버텨가느냐가 건강을 유지하는 최고의 방법 아닐까?

아이러니하게도 사람들은 건강에 문제가 생겼을 때, 그제야 건강의 중요성을 깨닫는다. 운동을 하루라도 안 하면 몸에 이상이 생기기 때문에 안 할 수가 없다.

은퇴를 앞둔 한 중년이 있다. 그는 직장까지 걸어서 출근을 했다. 걷기의 장점을 몸소 보여주기도 했다. 배가 나올 법한 나이였음에도 그렇지 않았던 걸 보면 건강에 관심을 많이 가졌던 것 같다.

젊은 그의 동료들은 운동의 중요성을 알고 있었기에 점심을 먹은 다음 20~30분 정도는 산책을 했다. 그러다가 우연히 '우리는 걷기를 해야 한다'라는 생각이 맞닿았다. 다들 가까운 곳에 살았던 터라 매일 저녁이면 동네 한 바퀴를 걷기로 했다. 일정한 시간에 만나 이야기를 하면서 동네를 크게 한 바퀴 걸었다. 직장 동료이기에 이야기할 주제도 풍부했고, 무엇보다 몸이 가벼워지니 건강도 챙기고 관계도 돈독해졌다.

지인의 아내가 10년 넘게 수영을 다니고 있다. 이쯤 되면 배울 것도 없을 것 같은데 왜 그렇게 매일 수영을 하나 싶었다. 그런데 어쩌다 며칠 안 나가면 같이 수영하는 사람들에게 연락이 온다는 것이다. 왜 안 오는지, 어디 아픈 건 아닌지, 내일은 나올 건지 등 서로의 안부를 물으며 관심을 가졌다. 운동 그 자체도 좋지만 사람들과의 관계가 영향을 미쳤다. 수영을 10년 넘게 다니게 한 원동력이 결국은 '사람'이라는 뜻이다.

어쩌면 우리는 운동을 하는 것이 아니라 운동을 매개로 관계를 맺는 것이 아닐까? 그리고 어떤 운동이 중요한 게 아니라 지속적으로 유지하게 만드는 지구력이 중요한 것 아닐까? 다이어트도 심리적인 것이고, 체력 단련도 그 이면을 움직이는 힘은 심리적인 것이다. 그렇기에 사람들은 취미 활동을 할 사람을 온라인에서 찾거나 한동네 사람들과 걷는 모임을 만드는 것이다.

몸에 좋은 운동을 하루만 하고 끝낼 게 아니라 얼마나 오랫동안 꾸준히 하느냐가 중요하다. 앞서 말한 것처럼 이때 영향을 미치는 것이 바로 사람 간의 관계다.

최근 젊은이들 사이에서 달리기가 유행이라고 한다. 크루를 만들어서 함께 달리는 것이다. 걷기 챌린지를 통해 자신의 목표를 온라인으로 알리거나 사람들을 모아 긍정적인 관계를 맺고 이어간다. 하루에 얼마나 걸었는지 등의 걷기 기록을 온라인으로도 공유한다. 이는 '관계 맺기'가 반드시 사람을 직접 만나야만 충족되는 것이 아님을 보여준다.

작은 일에도
감사하는 마음으로!

우리나라 국민이라면 대개 격년으로 건강검진을 받는다. 건강검진 덕분에 질환을 조기에 발견하거나 중증으로의 악화를 예방하기도 한다. 지금 소개할 사례도 그랬다.

한 지인은 건강검진 결과, 정상 범주를 넘어서는 수치가 있었다. 이에 정밀검사를 해보니 갑상선에 문제가 있었다. 이후에 질환으로 인한 신체적 변화를 경험했고, 힘든 투병의 시간을 보냈다. 수치가 약간만 올라가도 숨이 찼다. 식사를 자주 하는데도 체중은 줄어들었고 화장실도 자주 갔다.

무엇보다 정서적으로 흥분을 자주해서 사소한 일에도 화를 내고 후회하는 일들이 반복되었다. 그는 '사람의 몸이 참 신기하다'라고 생각했다. 아주 미묘한 수치 변화인데도 온몸에 영향을 미쳤고 정서적으로도 영향을 주었기 때문이다.

중년기에 접어들면 성 기능 면에서 위기가 찾아온다. 여성이라면 여성 호르몬 변화에 따른 갱년기 증상이 나타난다. 앞으로 출산을 하지 않을 여성임에도 월경이 끝나는 것을 '여성으로서의 매력이 사라지는 것'으로 인식해 마음에 상처를 입는 경우도 있다.

50대를 넘긴 남성들은 어떨까? 성 기능으로 인해 적지 않은 혼란을 겪는다. 특히 성적인 능력을 중요시하는 남성이라면 성적 능력이 저하되었다는 사실에 큰 상처를 입는다.

우리나라 중년 남성을 조사한 결과, 상당수가 55세 경에 성 기능의 위기를 겪고 있었다. 이전에는 필요성을 느끼지 못했지만 이제는 강렬한 자극을 찾아 헤매기도 한다. 그들은 정력 감퇴를 애써 부인하거나 대수롭지 않다는 태도를 보인다. 그러나 삶에 급격한 변화가 오고 있고, 다시는 이전과 같지 않으리라는 사실을 마음속으로 느끼고 있다.

여성의 폐경도 마찬가지다. 폐경 전후에 에스트로겐이 감소하는데, 생물학적 측면에서 다양한 변화를 일으킨다. 난소 기능이 쇠퇴하고 내분비계에 변화를 일으킨다. 이는 심리적 측면과 사회적 측면에서의 변화와도 관련 있다.

50대 여성들의 관심사 중 하나가 갱년기다. 여성 호르몬의 분비가 더 이상 이루어지지 않아 일어나는 신체 변화에 관심이 많다. 갱년기 증상으로는 열감 때문에 잠을 못 자거나 가슴 두근거림 등이 있다. 두통을 겪거나 피부가 거칠어지기도 한다.

갱년기 증상들은 심리적인 면에 어떤 영향을 미칠까? 어떤 이는 여성성의 상실이라 여겨서 적응에 어려움을 느낀다. 반면에 어떤 이는 자유를 느끼기도 한다. 또 다른 이는 우울하거나 예민해지기도 한다. 집중력도 떨어져서 우스갯소리로 갱년기를 '오춘기'라고도 한다.

그렇다고 모든 사람들이 이 증상들을 겪는 것은 아니다. 어떤 이들은 인식하지 못하는 경우도 있다. 앞서 살펴본 갑상선 질환을 앓은 지인도 그랬다. 갑상선 때문에 그런 것인지, 갱년기 증상 때문에 그런 것인지 인식하지 못했다. '어떤 일이 일어나는가'는 사회적 상황의 영향 때문일 수도 있고, 개인의 심리적 요인 때문일 수도 있다.

다양한 물질들이 우리 몸에 영향을 미친다. 이때 얼마만큼의 '양'이 우리 몸에 영향을 미치는 걸까? 그리고 심리적 측면에도 어떤 영향을 미치는 걸까?

종종 청소년기 자녀를 둔 학부모에게 상담 요청을 받는다. 학습 문제나 부모의 말을 듣지 않는 자녀 때문에 걱정된다는 상담이 많다. 청소년기 자녀가 이런 반응을 보이는 것은 정서적으로 불안정하고 인지적 판단 능력 면에서 성인과 차이가 나기 때문이다. 이는 발달 과정상 자연스러운 현상이다.

나는 이런 주제로 상담 요청을 받으면 대개 이렇게 말한다. "아이가 청소년기를 잘 경험하고 있는 거예요. 이 시기를 그렇게 보내지 않으면 훗날 다른 환경에서 혼란을 겪을 수 있어요."

중년기도 마찬가지다. 그 형태가 어떠하든 지극히 자연스러운 발달 과정이다. 겪어내지 않으면 안 될 일인 것처럼.

역으로 생각해보자. 아주 작은 성분이라도 적절하게 유지될 때, 우리 몸은 건강하게 유지된다. 특별히 '명령'을 내리거나 '지시'하지 않았는데도 우리 몸의 교감신경과 부교감신경은 그 적정선을 지킨다. 참으로 신기한 일이다. 그러니 내 몸이 적절한 시기에 건강하게 유지되는 것은 소중하고 감사한 일이다.

나이가 들어서도 월경을 한다면 어떤 일이 벌어질까? 상상하는 것만으로도 아찔하다. 생물학적으로 어떠하든 마음먹기에 달려 있다. 자연스러운 변화에 감사해야 할 일이다.

# 친사회적 활동이
# 행복을 준다

중년기가 되면 지나온 날들을 되돌아본다. 정도에 따라 가볍게 넘어가는 일들도 있지만, 때로는 심각할 만큼 죄책감이 느껴지는 일들도 있다. 성공적인 삶을 살아왔다고 생각하는 사람들이라면 대개 자신에게만 신경을 썼다고 여긴다. 다른 사람들에게 무관심했던 자신의 태도에 죄책감을 느끼기도 한다. 실패했다고 생각하는 사람들도 그 나름대로 과거를 후회한다. 그런데 잘못한 일이 있다면 솔직한 고백이나 보상 혹은 용서를 통해 해결하면 된다.

그런데 노력을 했는데도 중년에 접어들 때까지 꿈꾼 대로 살지 못했다면, 이때의 죄책감은 쉽게 사라지지 않는다. 특히 자녀가 부모의 마음대로 되지 않았을 때, 중년기인 부모는 인생이 실패했다고 생각하며 마음에 상처를 입는다.

영화배우 성룡의 일이다. 어느 날 그는 자신의 전 재산을 사회에 기부하겠다고 선언했다. 비슷한 시대를 살고 있는 영화배우 주윤발 역시 재산을 사회에 기부하겠다고 선언했다. 지하철을 타는 그의 소탈한 모습이 뉴스에 자주 나오기도 했다.

사람들이 그에게 이유를 물었다. 그러자 주윤발은 이렇게 말했다. "재산은 잠시 나에게 머물다가 가는 것뿐입니다." 사람들은 그의 말을 듣고 놀라워했다.

사람은 나이가 들수록 타인과 사회에 관심을 보이는 편이다. 젊은 사람들보다 주변에 관심을 갖고 소중한 마음을 표현하는 것 같다. 이들은 주말이면 기관이나 시설을 찾아 식사 준비를 돕거나 팀을 이뤄서 집을 보수해주는 봉사활동을 한다. 어르신들의 집에 방문해서 불편한 점은 없는지, 도움을 줄 일은 없는지 등도 살펴본다. 그들이 이렇게 하는 데는 타인을 도와줌으로써 느끼는 기쁨 때문이다.

심리학자 알프레드 아들러(Alfred Adler)는 '생을 영위하는 근거가 되는 기본적 전제와 가정'이라는 생활양식을 제안했다. 사람들은 자신에게 의미를 주는 삶을 추구하기 위해 각기 독특한 생활양식을 발달시킨다. 즉 서로 구별되는 생활양식을 발달시킨다는 것이다. 이것은 한 개인이 어떻게 인생의 장애물을 극복하고 문제의 해결점을 찾아내며, 어떤 방법으로 목표를 추구하는지 그 방식을 결정해준다.

아들러는 이러한 생활양식을 사회적 관심과 활동 수준으로 구분하는 이차원 모형을 제안했다. 사회적 관심은 개개인에 대한 공감을 말하며, 이는 개인의 이익보다 사회 발전을 위해 다른 사람과 협력하는 것을 의미한다. 심리적 성숙의 기준이 되는 것으로 이기적인 것과는 상반되는 개념이다.

다른 하나는 활동 수준이다. 이것이 건설적으로 되는지 파괴적으로 되는지는 사회적 관심과 결합될 때다. 결합에 따라 지배형, 기생형, 회피형, 사회적 유용형으로 구분된다.

지배형, 기생형, 회피형은 바람직하지 않은 유형이고, 사회적 유용형은 바람직한 유형으로 활동 수준이 높다. 이들은 긍정적인 태도를 지닌 성숙한 사람으로서 심리적으로 건강한 사람의 표본이 된다. 사회에 관심이 많아서 자신과 타인의 욕구를 동시에 충족시키면서 인생 과제를 완수하기 위해 다른 사람과 협동한다. 아들러의 입장에서 보면, 50대는 긍정적인 태도를 가지고 사회적 상황과 타인에게 건강한 관심을 갖는 시기다.

사람들은 자신이 하고 싶은 것을 하기 위해 돈을 번다. 그리고 더 많은 돈을 벌기 위해 열심히 일한다. 이와 관련된 흥미로운 연구가 있다. 연구자는 사람들에게 '매달 쓰는 생활비의 사용처'를 물었다. 대부분의 사람들은 전기료, 관리비, 보험료, 세금 등에 쓰고 자신이 좋아하거나 갖고 싶은 물건들을 사는 데 소비했다.

한편 타인을 위해 지불하는 비용, 즉 기부를 하거나 주변 사람들에게 선물을 주거나 밥을 사는 등 친사회적인 부분에도 일부 사용했다. 비용 면에서 전자의 약 10분의 1 정도를 친사회적 용도로 사용했다.

연구자들은 한 걸음 더 나아가 이들이 지출한 비용 대비 행복감의 정도를 살펴보았다. 재미있는 결과는 사적 용도로 사용한 비용의 정도와 행복감의 관계는 무관했으나, 친사회적 용도로 비용을 지불할수록 더 행복하다는 것이었다.

흔히 우리는 자신을 위해 쓴 돈이 많을수록 더 행복할 것이라고 생각한다. 이는 자기한테 1만 원을 사용하는 것보다 2만 원을 사용하는 것이 더 행복하다는 생각이다. 그러나 실제는 그렇지 않다. 우리를 행복하게 만드는 게 비용 문제가 아니라는 뜻이다.

한 사회심리학자는 타인에게 도움을 주는 사람에 대해 이렇게 말한다. "도움을 안 주는 사람의 행복감의 차이를 수입으로 보전하려면, 돕지 않는 사람은 현재 소득의 2배를 벌어야 다른 사람을 돕는 사람의 행복감을 느낀다"고 말이다.

    심리적인 성숙함으로 주변에 관심을 가져서 봉사활동을 하든 주변 사람들을 돕든, 우리 삶을 풍요롭게 만드는 것은 스스로 선택한 사회적 관심에 근거한 행동이다. 그리고 이 행동은 나의 행복감으로 되돌아온다.

# 당연한 책임과 희생은 없다

젊은 시절의 활력은 점차 퇴색하고, 가족을 부양하고 부모를 봉양하며 직장과 사회에서의 역할을 수행하느라 바쁜 시기가 바로 중년기다.

중년기에 접어들면서 남편과 아내는 자신의 모습을 돌이켜 보며 '지금 어디에 있는지, 그리고 어디로 가고 있는지'를 자문한다. 이 과정에서 고통, 회의, 혼란스러운 감정을 겪곤 한다. 흘러간 세월을 아쉬워하면서 초라하게 변해버린 자신의 모습을 발견하고 충격을 겪기도 한다.

분석심리학자 칼 융(Carl Jung)은 중년기에 많은 관심을 가졌다. 이 때문에 융의 심리학을 '중년기의 심리학'이라고도 일컫는다. 융은 인생의 여정을 태양이 뜨고 지는 일에 빗대었다. 그는 인생의 주기를 전반부와 후반부로 나누었고 전반부는 아동기, 청년기, 젊은 성인기로, 후반부는 중년기, 노년기로 구분했다. 전반부는 외부 세계에 적응하고 조화를 이루는 시기라고 보았고, 후반부는 내적인 세계에 적응하는 시기라고 보았다.

융에 따르면, 중년기에 들어선 사람은 새롭게 정립된 가치관을 중심으로 자신의 삶을 수정하는데, 지금까지 외적인 세계에 적응하느라고 소비하던 에너지를 새로운 가치에 쏟는다고 한다. 그가 말하는 '새로운 가치'란 정신적인 가치와 영적인 가치를 의미한다. 정신적·영적 가치는 오래전부터 그에게 내재되어 있지만 젊은 청년기와 성인기에는 외부 세계, 즉 가시적인 욕구 충족에 정신이 집중되어 있기 때문에 잠을 자고 있었다는 것이다.

인생에서 외적인 방향으로 향하던 에너지를 지적인 세계, 즉 정신적·영적인 세계로 전환시키는 것이 가장 큰 과업이다. 상당수의 사람들이 물질적인 에너지의 흐름을 영적인 세계로 전환하지 못하고 어둡게 살아간다. 이런 의미에서 중년기의 위기는 궁극적인 의미를 찾느라 발버둥치는 위기라고 할 수 있다.

중년기 때는 자신이 중요시했던 일들을 갑자기 상실해버린 것 같은 허무함을 느낀다. 자신의 가치 체계가 흔들리는 불안을 느끼고, 이 불안 때문에 사소한 일도 지나칠 법하게 반응하는 경향이 있다.

우리 사회는 건강, 정력, 매력, 그리고 젊음을 중요시한다. 그래서 50대에 들어서면 '좋은 시절은 다 지나갔다'라고 여긴다. 그 증거는 너무나 뚜렷하기에 이를 부정할 수도 없다. 사람들은 얼마 전까지만 해도 거뜬하게 해냈던 운동을 갑자기 힘들어져서 못 하게 될 때, 멀쩡했던 몸 여기저기가 아프기 시작할 때 인생이 무상하다고 느낀다. 마흔이 지나면 눈가 주름, 희끗해진 머리카락, 굵어지는 허리 때문에 거울을 자주 들여다보지만 무심한 세월의 흔적을 지울 길은 없다.

이들은 자신의 10년 전 모습과 비교해서 많이 달라졌다는 사실을 안다. 그래서 중년기에 '잘' 적응하기 위해 애쓴다. 존경과 선망의 눈으로 우러러보던 아이들이 이제는 우리를 동정하거나 멸시하는 눈빛으로, 당신보다 무엇이든 잘할 수 있다는 듯 으스댄다. '나를 태워다줄 필요는 없어요. 자동차 열쇠만 주시면 잘 다녀올 수 있어요'라는 식이다.

오지 않을 것 같던 '예순'이라는 고개가 어느새 눈앞에 다가와 있다. 의학의 발달로 평균수명이 늘어나면서 중년기에 들어섰더라도 40~50년은 더 살 수 있는 사회가 되었다. 다만 여생을 어떻게 살아가야 하는지, 이에 따르는 위기들은 어떻게 극복해야 하는지 생각이 많아진다.

이와 같은 문제들과 씨름하기 전에 해야 할 것이 있다. 바로 부모들의 욕구와 필요가 무엇인지 생각해보는 일이다. 중년기인 사람들의 부모님 역시 의료 혜택을 받고 있기 때문에 여든이 넘어서도 건강하게 지내는 편이다. 다만 행복과는 거리가 멀어 보인다.

그들의 모습이 마치 미래의 내 모습인 것 같아서 슬픈 마음이 든다. 많은 질병들이 정복되고 있지만 그렇다고 문제가 없는 것은 아니다. 은퇴 후에 남은 긴 시간들, 매일같이 치솟는 물가, 불친절하고 비위생적인 요양원 등 새로운 문제들이 나타나고 있다.

우리 사회의 중년층은 양육해야 할 자녀와 보살펴야 할 부모 사이에 끼어 있다. 그들은 감당하기 힘든 부담감 때문에 휘청거리고 있다. 세금의 상당수가 그들에게서 나오고 힘든 일 역시 그들 차지다. 책임이란 책임은 대부분 감당하는데도 체력과 에너지는 점점 떨어져서 그들이 느끼는 불안은 더욱 커진다.

우리 사회는 유교주의에 근간을 둔 '효' 중심의 사회다. 지금도 이 가치관이 사람들 마음속에 깊이 자리하고, 무의식적으로 마음과 행동에도 영향을 미치고 있다. 풍요로운 환경에서 자란 어린 자녀들은 부모의 희생하는 삶이 당연하다고 여긴다. 그래서 중년기에 접어든 부모들은 더 힘들어진다.

    의무감, 당위성, 책임감. 이것들은 어디에서 오는 것일까? 시대와 문화적인 가치가 만들어낸 개념이다. 때로는 기능적일 수도 있지만 내가 부담을 느낀다면 기능적인 게 아니다. 세상에 '반드시 그래야만 하는 것'은 없으니까.

# 지금 하지 않으면
# 안 될 것들

중년기에는 인체의 안전 체계가 흔들리기 시작한다. 그동안 익힌 기술과 지식은 새로운 기술의 등장으로 쓸모없어진다. 고용주는 이들에게 새로운 지식을 얻도록 기회를 주기는커녕, 첨단 지식을 갖춘 젊은이를 채용하는 게 경제적이라고 생각한다. 그래서 50대는 실직에 대한 공포심이 있다.

비인간화된 산업사회에서는 풍부한 경험을 갖추고 있다 해도 나이가 든 사람에게는 매우 냉혹하다. 40대 초반에 직장을 잃으면 꽤 긴 시간 동안 새 일자리를 구해야 한다. 게다가 가지고 있는 기술이 쓸모없어지기도 한다.

캠핑을 즐기는 한 친구가 있다. 어느 날 그 친구는 캠핑장에서 우연히 친구 부부를 만났다. 근 10년 만에 만난 친구였다. 그동안 어떻게 지냈는지 살아온 이야기, 고향 부근에 자그마한 땅을 마련해서 별장을 지은 이야기 등을 나누었다. 주변에 아는 사람이라곤 없는 낯선 곳에서 땅을 고르고, 집을 짓고, 창고를 지은 이야기를 하며 신이 났다.

집 앞에 데크를 직접 만들었는데 시간 가는 줄 모를 만큼 집중을 했더란다. 해가 뜨면 데크로 나가서 종일 나무 길이를 맞추고 톱질을 하며 못질을 했다. 그러다 보면 어느새 저녁이 되었다. 그는 그 순간이 그렇게 좋았다며 초롱초롱 눈을 밝혔다. 그러면서 은퇴하면 집을 지을 것이라고 했다. 본격적으로 집을 짓기 전에 데크를 미리 깔아보며 연습했다는 것이다.

사람들은 진로 검사를 생각하면 대개 중고등학교 시절을 떠올린다. 우리가 진로를 정할 때 어느 대학을 갈지, 어떤 전공을 선택할지 등을 고민한다. 또한 내 능력은 어느 정도인지, 공부를 하려면 돈이 필요한데 가정환경이 뒷받침되는지, 스스로 학업을 잘 마칠 수 있을지 등을 고민한다. 진로에 대한 고민은 꼬리에 꼬리를 물어 불안을 증폭시킨다.

이 시기의 진로 고민은 '미래를 어떻게 만들어가는지'와 관련 있다. 청소년기의 진로 발달에는 개인의 관심, 흥미, 잘하는 것,

하고 싶은 것 등과 관련 있고, 부모님의 직업이나 부모의 관심사 등도 영향을 미친다.

한 지인이 아들과 여행을 갔다. 그는 아침 일찍 일어나 호텔을 나서면 열심히 걸었고, 좀 더 많은 것을 보려고 애썼다. 그래서 호텔에 들어가는 시간은 항상 늦은 밤이었다. 그러자 아들이 이렇게 말했다 "왜 이렇게 여행을 열심히 해요? 여행은 즐기면서 해야 하는 거 아닌가요?"

아들은 좀 더 여유 있게 즐기고 쉬면서 여행을 하고 싶어 했다. 그러면서 젊은 자기보다 더 열심히 여행하는 것은 반칙이라고 했다. 그러자 아버지는 아들에게 "이번 여행은 나에게 마지막 같은 여행이야. 내 나이를 생각해보면 내가 언제 또 여기에 와보겠니. 아무리 열심히 움직여도 세상은 신기한 것이 많고 볼 것도 많아. 너는 아직 젊으니 이곳을 또 와볼 수 있고, 더 많이 더 다양하게 경험해볼 시간이 있어. 하지만 나는 다르지. 더 자세히, 더 많이 보고 싶은 마음에 그러는 거란다. 나는 히말라야를 가보고 싶었던 시절이 있었어. 하지만 몇 년만 지나면 그 꿈을 포기해야 할지 몰라"라고 말했다. 이 말을 들은 아들은 그다음부터 군말 없이 여행 일정을 잘 따랐다고 한다.

도널드 슈퍼(Donald Super)의 진로발달이론에 따르면, 중년기에는 자신의 직업에서 높은 지위를 획득하고 전문가가 되며 고

참이 된다고 했다. 이 시기는 지위 향상보다는 이미 달성한 권력, 안정성, 특권 등을 지키는 일에 목표를 둔다.

한편 경력 발전의 중요성이 줄어들면서 직업에서의 역할을 수행하기 위해서 썼던 시간을 가족들과 보내는 시간이나 자원봉사 등에 할애한다고 보았다.

50대가 하는 진로 고민은 중고등학생 때와는 달라야 정상 아닐까? 진정으로 내가 해보고 싶은 것이 무엇일까? 더 나이가 들기 전에 해봐야 할 것은 무엇일까?

죽기 전에 한 번쯤 꼭 해보고 싶은 일을 정리한 목록을 '버킷 리스트'라고 한다. 다만 50대라면 남은 인생에서 해야 할 것이 아니라, 지금 이 순간 하지 않으면 안 될 것들, 그리고 하지 못할 것들이 무엇인지 작성해봐야 한다. 지금은 히말라야를 오를 수 있지만 60대에는 준비를 더 많이 해야 하고, 어쩌면 못 오를 상황이 될 수도 있으니 말이다.

# 변하는 세상에
# 잘 적응하기 위해서

나이가 오십이면 '앞으로 무엇을 해야 하나'라는 생각이 든다. 남아 있는 시간에 대해 계획하고, 앞으로 살아갈 시간을 그려본다. 20대 때는 30대의 모습을, 30대 때는 40대의 모습을 그려보았다. 이때 조건이 하나 있다. 현재의 내 모습을 근거로 삼아 상상해보는 것이다. 내가 그리는 이상적인 모습과 현실 간에 괴리는 어느 정도일까? 만약 그 간극이 크다면 허구적인 목표이지 않을까?

아들러는 인간을 '현재를 바탕으로 삼아 미래지향적으로 나아가는 존재'로 보았다. 다시 말해 인간의 행동은 목적을 갖는다고 보았다.

지그문트 프로이트(Sigmund Freud)는 리비도의 욕구를 어떻게 충족시켰는가에 따라 삶이 결정된다는 결정론적 인간관을 주장했다. 반면에 아들러는 인간의 행동을 설명하려면 아직 다가오지 않은 미래의 목적이 무엇인지 살펴보기를 제안했다. 그는 현재의 모습이 과거의 나와 미래의 나에 대한 현재의 생각으로 이루어진다고 보았다.

현재의 나는 과거 경험의 부산물로, 과거에서 자유롭지 못하다. 다만 과거 모습에 의해서만 결정되지는 않는다고 보았다. 미래의 나와 현재의 나에게 영향을 미치는 바, 이는 인간이라는 존재를 과거의 결과물이라고 보았던 심리학자들의 주장과는 사뭇 다르다.

50대를 움직이게 하는 것은 '60대에는 이렇게 살았으면 좋겠다'라는 미래에 대한 생각이 아닐까 싶다. 아들러가 비록 가상적인 목적이기에 '허구적'이라고 표현했더라도 우리가 꿈꿀 수 있는 것은 가능하지 않을까?

혹자는 이런 이야기도 했다. 현재의 나는 10년 전의 내 삶이 영향을 미친 것이고, 현재의 나는 10년 후의 삶을 예견해준다고 말이다. 지금의 나는 어떤 60대를 그리는가? 나의 60대는 신체적으로 혹은 생물학적으로 어떨까? 지금의 나를 비춰 생각해본다면 말이다.

지팡이를 짚지는 않더라도 여전히 잘 걸어 다닐까? 아니면 무릎 관절 어딘가에 인공 관절을 심는 건 아닐까? 생물학적인 변화에는 노력해도 안 되는 것들이 분명히 있다. 나이가 들수록 강력한 힘 중의 하나가 유전의 힘이라고 생각될 때가 있기 때문이다.

강력한 환경의 영향에도 불구하고 발달학적으로 유전적인 측면이 강하게 발현되는 경우가 있다. 특정 시기에 나타나는 '앉기' '걷기' 등이 여기에 해당된다. 지능과 같이 유전적 요인도 있지만 후천적인 사회적·교육적 경험이 영향을 더 미치는 것으로 풀이된다. 물론 어떤 특성이냐와 상관없이 스스로 노력하는 것이 더 중요할 수도 있다.

60대가 되어서도 나는 여전히 일을 하고 있을까? 일을 한다면 어떤 일을 하고 있을까? 사회는 빠르게 변화하고 있다. 그럼에도 과거의 가치에만 기대어 살아갈 때면 두려워진다. 앞서간 인생 선배들의 모습을 볼 때가 그랬다. 나는 '꼰대'라는 말은 듣고 싶지 않다. 과거의 가치로만 세상을 재단해가는 것만큼 시간 아까운 일도 없다.

세상에 올바르게 적응하려면 무엇이 필요할까? 우리는 코로나 팬데믹 상황에서 다양한 변화를 겪었다. 특히 교육 환경의 변화, 그러니까 온라인 시스템 구축이라는 변화를 겪었다. 물론 이전에도 온라인 수업 방식은 있었다. 그런데 대중적이지는 않았다.

팬데믹 상황이 심각해지면서 우리는 온라인 수업 방식에 익숙해질 수 있었다. 다만 문제도 있었다. 대면 접촉이 제한되면서 온라인에 의존하는 태도가 팽배해졌기 때문이다. 새로운 온라인 프로그램을 익혀야 했고 그 과정에서 문제가 생기기도 했다.

미국의 경우에는 팬데믹 상황에서 많은 교수들이 강단을 떠났다고 한다. 온라인 강의 시스템에 적응하지 못해서였다. 만약 온라인 강의 현장에 남고자 했다면 새로운 시스템을 배워야 하고, 그렇지 않으면 떠나는 게 맞다. 다만 변화하지 않고 여전히 과거 방식으로만 살려는 이 태도가 문제다. 60대를 앞둔 사람들은 변화하는 세상을 어떻게 받아들이고 있을까?

# 우리가 자녀에게
# 물려주어야 할 것들

노후와 관련해서 뉴스에 자주 보도되는 것이 있다. 바로 경제적인 측면이다. 은퇴 후에 필요한 한 달 생활비가 얼마인지, 받을 수 있는 연금은 얼마인지 등에 대한 뉴스를 쉽게 볼 수 있다. 그만큼 사람들의 노후 생활은 주요 이슈다. 게다가 우리나라의 연금 정책도 사람들의 관심을 높이는 데 한몫했다. 특히 연금 제도가 자리 잡기 전이던 우리 부모님 세대를 보면 더욱 그렇다.

미국 맨해튼에는 록펠러 빌딩과 록펠러대학교가 있다. 록펠러는 미국이 경제적으로 급성장하는 시절에 어마어마한 돈을 번 기업가다. 아마 한 번쯤 들어봤을 이름일 것이다.

록펠러는 어린 시절에 가난했다. 어려운 환경에서 궂은일도 마다하지 않았는데, 그의 빈틈없는 성격과 절약 정신 덕분에 주변 사람들에게서 신망을 얻었다. 그러다가 석유 사업에 본격적으로 뛰어들어 거부(巨富)가 되었다. 이 과정에서 그가 보인 태도에 대해 '비정하고 잔인하다'라고 평가하는 사람들도 있다.

록펠러가 60세가 되었을 때 젊은 시절에 이룬 부를 어떻게 사용할지 고민이 깊었다고 한다. 그는 아들에게 사업을 물려준 뒤 자선사업에 몰두했다. 실제로 돈을 번 기간보다 자선사업을 한 기간이 더 길었다.

대학을 설립하고 문화 기관에 땅과 기금을 기증했다. 그는 대학과 기관에 본인의 이름을 남기지 않았다. 형편없던 뉴욕의 수도시설 설비에 기금을 지원했고, 현재까지도 수돗물 공급 비용을 록펠러 재단이 맡고 있다. 그래서 일반 시민은 수도 사용료를 내지 않는다고 한다.

록펠러가 다양한 방면에 기부를 하지 않았다면, 우리는 그를 그저 한 시대를 풍미한 사업가로 기억했을 것이다. 그는 죽고 나면 돈이 필요 없다는 일반적인 사실을 알고 행동으로 실천했다. 그리고 자산의 많은 부분을 사회 구성원과 함께 이루었다고 생각했다.

보통의 사람이라면 하늘의 별을 따려고 하다가 발아래의 꽃을 못 본다. 우리는 돈을 버는 이유 중에 하나를 '행복해지기 위해서'라고 꼽는다. 그런데 우리는 이 행복을 위해서 평생 돈 버는 일에만 몰두하는 것은 아닐까? 돈을 더 벌려고 귀한 시간을 더 허비하는 것은 아닐까?

자녀에게 돈을 물려주려고 하기보다는 인생에서 아름다움을 느낄 줄 알고, 자신은 물론이고 타인의 삶까지 존중하는 태도를 물려줘야 한다. 무엇보다도 고난과 실패를 겪었을 때 이를 딛고 일어서는 방법을 알게 해주는 것이 부모가 물려주어야 할 덕목이 아닐까 싶다.

사실 우리는 돈을 많이 번 사람을 기억하지 않는다. 나에게 감동을 준 사람을 더 오랫동안 기억한다. 철학자 김형석 교수는 이렇게 말했다. "나 자신과 내 소유를 위해 살았던 것은 다 없어집니다. 남을 위해 살았던 것만이 보람으로 남습니다."

인생의 마지막은 감사의 인사를 받도록, 우리는 그렇게 살아야 한다. 사회 구성원으로서 감사함을 나누고 사랑을 베푸는 삶이야말로 진정으로 행복한 삶이라고 생각한다.

# 아름다운 세상을
# 있는 그대로 보려면

아름다운 꽃을 보면 우리는 향기를 맡으려고 무의식적으로 코를 갖다댄다. 멋진 자연을 마주했을 때는 어떠한가? 두 팔을 벌리고 아름다운 광경을 온전히 안아보려고 한다. 그렇다면 사람으로서 아름다울 때는 언제일까? '~다워야 할 때'가 가장 아름다운 것 같다.

  누구의 삶이든 우리는 그 삶을 존중해야 한다. 그리고 누구든 존중받을 자격이 있다. 우리는 매순간 최선의 선택을 하며 살아가므로 선택을 인정해야 하고 가치를 존중해야 한다.

  우리는 타인에게 관심이 많다. 한 지인이 아버지에게 물려받은 유산이 있는데 그중 하나가 흰머리라고 한다. 어렸을 때부터 흰머리가 많았던 그는 마흔이 되었을 때, 아버지가 그랬던 것처럼 백발이 되었다. 그래서 염색을 자주 해야 했고, 바빠서 시기를 놓치면 주변 사람들이 염색하라고 이야기할 정도였다.

아이를 키울 때면 더 많은 질문을 듣는다. 자녀가 어느 중학교를 갔는지, 좀 더 크면 어느 고등학교를 갔는지 듣는다. 사실 왜 물어보는지 잘 이해가 안 된다. 그들이 이 질문들을 통해 무엇을 알고자 하는지 이해하려면 어느 정도의 시간이 필요하다.

무의식적으로 갖고 있는 '편견' 혹은 '고정관념'은 사람을 파악하는 데 때로 도움을 주기도 한다. 그런데 문제가 있다. 이 과정에서 오류를 범하기 때문이다. 잘못된 정보 때문에 사실을 왜곡해서 받아들이는 게 문제다.

최근의 일이다. 어떤 지인이 나에게 "자녀가 대학 졸업할 때가 되지 않았나요?"라고 물었다. 그저 인사치레로 물어보는 질문이라고 생각한다. 다른 지인은 자녀의 대학 전공이 무엇인지 관심을 갖기도 했다. "전공이 좋으니까 취직이 잘될 거야" "좋은 대학을 갔으니 걱정이 별로 없을 거야" "이제 걱정은 없겠다" 같이 이런저런 이야기를 한다. 아마도 시간이 흐르면 자녀의 결혼 문제까지 걱정할 것 같다. '관심'이라는 그럴듯한 포장지로 덮어서 말이다. 오십이라는 나이는 포장지 이면의 것도 깨달아야 하는 시기다. 인생이 대학만으로 결정되지 않고, 전공에 따라 인생이 좌우되지도 않다는 것을 말이다.

사회가 원활하게 굴러가려면 사람들이 맡은 역할이 다양해야 한다. 음식을 파는 사람, 자동차를 수리하는 사람, 도로를 깨끗하게 청소해주는 사람 등이 그렇다. 각자의 위치에서 맡은 역할을 잘 수행해갈 때 사회는 아름다워진다. 학생은 공부할 때 아름답고, 의사는 환자를 치료할 때 아름다우며, 빵집 주인은 빵을 구울 때 가장 아름다운 법이다.

사회가 정신적으로 성숙해지려면 상호 간에 의견을 있는 그대로 수용하고, 건강하게 상호작용했을 때 가능하다. 내 생각이 틀릴 수도 있다는 걸 인정하고, 다른 이야기를 듣고 질문하고 존중할 때 가능하다. 상대의 말에 고개를 끄덕일 때, 이때 최선의 선택과 판단이 가능해진다. 게다가 한 분야에서 선배나 조직의 지도자가 그 역할을 이끌어가야 한다. 그들은 경험이 있고 힘을 가지고 있기 때문이다. 그 역할은 바로 오십이 된 우리가 해야 할 일이다.

인생에 정해진 답은 없다. 각자의 입장에서 보면 최선의 삶이고 최고의 선택이다. 혹시 내가 생각하고 보는 그것이 본질이 아닐 수도 있다는 것을 기억하자. 그리고 이면에 또 다른 아름다움이 숨어 있다는 것도 기억하자.

# 나이 오십에도
# 걷기 연습이 필요한 이유

김 씨는 여행을 좋아한다. 그래서 일상에 틈이 나면 배낭을 메고 어디론가 훌쩍 떠난다. 새로운 것을 좋아하고 세상에 대한 호기심도 많아서 별명이 '호기심 천국'일 정도다. 그가 세상 여러 곳을 다니면서 얻은 것이 하나 있다. 바로 '잘 걸어야' 한다는 것이다. 그래서 그는 오늘도 동네 공원을 걷고 주말이면 동네 뒷산을 오른다. 그저 잘 '놀러 다니기 위해서'다.

그가 유럽에 여행을 갔을 때의 일이다. 유럽의 관광지는 성당이 대부분이다. 이때 성당을 제대로 보려면 계단을 많이 올라야 한다. 그는 성당에 갈 때마다 계단을 많이 올라야 했는데 너무나 힘들다고 했다.

　마지막 여행지였던 피렌체의 두오모 성당을 갔을 때다. 그는 두오모 성당의 계단을 오르면서 '앞으로는 성당의 전망대에는 올라가지 않으리라' 하고 다짐했다.

　그는 한국으로 돌아와서는 걷기 운동을 해야겠다고 생각했다. 그래서 출퇴근을 할 때 한 정거장 정도는 걸었고, 시장을 갈 때도 웬만한 거리는 걸어서 갔다. 어느 날은 친구와 함께 산책을 하는데, 왜 이렇게 빨리 걷냐며 핀잔을 듣기도 했다. 자주 걸으니까 걸음 속도가 빨라진 것이다.

　여행에도 연습이 필요하다. 연습이 되어 있지 않으면 제대로 된 여행을 할 수가 없다. 나이가 오십인데도 걷기 연습이 필요한 것이다. 그는 걷기 훈련이 되어서 이제는 계단이 많아도 잘 올라간다. 그러면서 그동안 못 봤던 것들이 눈에 들어오기 시작했다.

　양 씨는 마라톤을 오랫동안 한 사람이다. 전국 마라톤 대회에도 참가해서 입상하기도 했다. 그는 상을 받으려는 목적은 아니었다. 어떤 때는 마라톤 페이스메이커를 맡아 봉사활동도 하고, 휠체어를 탄 참가자를 밀어주기도 했다. 취미 활동으로 시작해서 봉사활동까지, 그 역할을 확장했다.

　어느 날 나는 그에게 물었다. "마라톤을 왜 그렇게 좋아하세요?" 이 말을 들은 그는 이렇게 답했다. "제가 옷 입는 걸 좋아하는데, 살이 찌면 아무리 예쁜 옷을 입어도 멋지지가 않더라고요. 그래서 멋진 옷을 입으려고 마라톤을 계속 하고 있습니다."

대개 은퇴를 하면 시간적으로 여유가 생겨도 사회적 활동이 줄어들기에 움직이는 반경이 좁아진다. 그 결과, 걷는 일도 줄어들어서 걷기 자체가 점점 어려워진다. 게다가 여행이 즐거워야 하는데 행동에 제약이 생기면 여행이 주는 즐거움을 온전히 느끼지 못한다.

요양 사업을 오래하던 분의 말씀이 기억난다. 그는 매일 노인들을 만나면서 느낀 점이 있다고 했다. "편하게 여행할 수 있는 시기는 70세 이전까지인 것 같아요." 70세를 넘으면 아무리 의학이 발달했더라도 무엇인가를 하려는 데 한계가 있다는 것이다.

65세에 은퇴를 한다고 가정하면 우리에게 주어진 시간은 고작 5년 정도다. 그동안 우리 몸을 일하는 것에만 사용하다 보니, 안타깝게도 우리 의지대로 편하게 움직일 수 있는 시간은 많지 않다.

우리는 어린아이가 세상을 알아가기 위해 걸음마를 배우듯, 한 살이라도 젊었을 때 더 열심히 걷는 연습을 해야 한다. 편안한 여행을 위해서, 멋진 옷을 입기 위해서 마라톤을 하듯이 말이다. 우리는 나의 의지대로 잘 걷기 위해 '여전히' 연습하고 훈련해야 한다.

# 각자의 삶을 존중하고자
# 졸혼을 선언하다

일본 영화 〈엔딩 노트〉가 있다. 이 영화는 직장 생활을 잘 마무리하고 노후를 계획하던 한 남성이 암 선고를 받으면서 죽음을 준비하는 내용이다.

버킷리스트를 정리하면서 주인공 '스나다 도모아키'는 이렇게 이야기한다. "노후의 삶 중에 하나가 시골에 마련한 친구의 별장에서 좀 지내는 것이었는데, 이젠 어렵게 되었어." 그렇게 생각을 한 이유는 그동안 아내와 살아오면서 지치고 서로 안 맞는 부분도 있었는데 이제 여유를 가져보고자 한다면서, 서로 자유시간을 갖는 것이 필요하다는 것이다.

중년기에는 다양한 유형의 사회적 관계를 맺는다. 이 중 가장 중요한 관계는 오래된 연애 파트너로, 이는 친밀한 파트너십이다. 여기에는 심리적 친밀감, 신뢰, 진정성이 포함된다.

한 연구에 따르면, 진정한 자아가 될 수 있고 자신의 취약점을 악용하지 않을 것이라고 믿을 만한 단 한 명의 친구를 갖는 게 대규모 소셜 네트워크를 갖는 것보다 행복에 더 중요한 영향을 미친다고 한다. 이를 '결혼'으로 본다면 만족스러운 부부관계를 유지하는 일은 그 어떤 관계보다 영향력이 크다고 볼 수 있다.

결혼은 인생의 많은 부분을 차지한다. 결혼이 행복에 미치는 영향에 대해서도 여러 연구들이 있고, 사람들이 관심을 갖는 주제이기도 하다. 관련 연구자들은 미혼, 이혼, 사별한 사람들과 기혼자의 행복감을 비교했다. 그들의 행복도를 조사한 결과, 독신 생활에서 결혼 생활로 전환될수록 주관적인 행복이 높아졌다고 한다. 이는 대인관계에 관한 사회과학 연구 분야에서도 일관되게 관찰된다.

다만 결혼과 행복의 관계는 생각만큼 간단하지 않다. 일부 연구에서는 결혼이 처음에는 행복감을 높여주지만, 시간이 지나면서 쾌락 설정점으로 회귀한다고 본다. 이는 결혼 생활의 초기 흥분이 사라지고 나면 기본 행복 수준으로 돌아감을 의미한다.

또한 결혼 생활에서 생긴 불리한 사건이나 갈등은 주관적인 행복에도 상당한 영향을 미친다. 따라서 결혼의 질은 전반적인 삶의 만족도를 결정하는 데 중요한 역할을 한다.

결혼 만족도는 가족 생활주기 전반에 걸쳐서 다양하게 나타난다. 첫째 아이가 태어나기 전에 행복감이 가장 높게 나타나는 경향이 있다. 그러다가 자녀 양육의 어려움과 재정적인 압박이 더해지면 행복감은 감소한다.

부모의 의무와 기대는 가장 편안한 파트너십에도 부담을 줄 수 있다. 그래서 일부 부부는 아이를 낳지 않거나 직업에 집중하거나 개인의 이익을 우선시하며 살아간다. 건강하고 만족스러운 결혼 생활을 위해서는 지속적인 노력, 원활한 의사소통, 상호 지원의 필요성을 인식하는 것이 중요하다.

파트너가 결혼을 선택하는 이유에 따라 결혼의 유형이 달라진다. 본질적인 결혼은 사랑, 즐거움, 파트너 간의 깊은 연결을 기반으로 한다. 이러한 결혼은 그 자체가 목적이다. 반면에 실용적인 결혼은 안정적인 재정, 사회적 승인, 기타 혜택 등 실용적인 이유에서 이루어진다.

가족심리학자 데이비드 올슨(David Olson)이 제안한 유형학적 틀은 관계 만족도와 결혼과 관련된 기능적 영역을 기반으로 결혼을 5가지 유형으로 구분한다. 이 유형은 활력화형, 조화형, 전통형, 갈등형, 활력 상실형이다.

활력 있는 결혼은 성격, 의사소통, 기대 등 다양한 영역에 걸쳐 양립할 수 있는 만족도가 높다. 조화로운 결혼 생활에는 어느 정도 긴장이 있을 수 있지만, 주요 문제에 대해서는 상당한 합의가 이루어져 있다. 전통적인 결혼은 정서적 친밀감은 덜 강조하지만 양육 측면에서는 여전히 평균 이상의 연결성과 호환성을 가지고 있다. 갈등이 있는 결혼은 대인관계에서 많은 불일치를 경험한다. 활력이 없는 결혼은 모든 영역에서 낮은 점수를 받아 대인관계 친밀감과 가족 역할에 대한 합의가 부족한 상태를 보인다.

소득과 교육 수준이 결혼 만족도와 연관된다는 연구 결과가 있다. 소득이 높고 교육 수준이 높은 부부일수록 관계의 질이 더 높다는 것이다. 그러나 경제적 안정만으로는 결혼 생활의 행복이 보장되지 않음을 기억해야 한다. 관계의 질과 파트너 간의 정서적 연결은 전반적인 결혼 만족도에 중요한 역할을 미친다.

결혼을 통해 삶의 만족도를 높이고 행복감을 경험하는 데는 여러 요인들과 관련 있다. 그래서 안정적인 결혼 관계를 평생 유지하는 일은 생각보다 어렵고 노력을 많이 해야 하는 것이다. 그럼에도 쉽지 않다. '졸혼'이라는 단어가 공공연히 나오는 것을 보면 말이다.

졸혼(卒婚)은 '결혼을 졸업하다'라는 뜻이다. 혼인 관계는 유지하되 서로의 인생에 더 이상 관여하지 않고 각자의 인생에 집중하는 삶을 뜻한다. 일본의 작가 스기야마 유미코가 2004년에 쓴 『卒婚のススメ(졸혼을 권함)』에서 처음 등장한 용어이다.

졸혼은 마하트마 간디(Mahatma Gandhi)가 주장한 '해혼'과도 비슷한 부분이 있다. 물론 졸혼이 영원히 이어지는 것은 아니다. 졸혼을 끝내고 다시 원래 부부의 모습처럼 돌아가는 경우가 드물지만 있기는 하다.

졸혼이 '별거'와 어떤 점에서 다를까? 별거(別居)는 부부가 떨어져 살면서 관계 회복을 위한 시간을 가져보거나 결혼의 유지 여부를 고민하는 이혼 전 단계다. 반면에 졸혼은 이전과 같은 혼인 관계의 삶으로 되돌아가고자 하는 마음이 없고 이혼도 고려하지 않는 상태다.

'졸혼 계약서 위반'에 관한 기사를 본 적 있다. '결혼을 유지할지 말지를 고려해보는 시간'으로 인식했다는 점에서 졸혼이 아닌 별거라고 하는 내용이었다.

졸혼은 혼인 관계를 유지하고 있는 상태이므로 재혼이 불가능하다. 별거나 이혼과 달리 '현 배우자뿐만 아니라 다른 이성과도 결혼할 생각이 없다'라는 입장이다. 법적으로는 혼인 상태이지만, 쉽게 말해 '비혼주의자' 혹은 '독신주의자'인 셈이다. 혼인 상태를 유지하는 것만 봐도 재혼할 생각이 없다는 의미이기도 하다. 졸혼 중에 마음을 바꿔서 다른 이성과 결혼하려는 목적으로 이혼하려는 경우에는 외도로 볼 수 있다. 그 이유는 다양하다. 대부분 자녀가 있는 중년기 부부인 경우가 많아서다.

사랑의 감정은 식었지만 오랜 시간 함께 지낸 가족이라는 이유로 삶을 존중하고 졸혼을 선택하는 경우가 많다. 대개 이런 경우에는 졸혼을 하더라도 지속적으로 연락하고 챙기며 친구처럼 지내는 편이다.

사실 '졸혼'이라는 단어만 안 썼을 뿐이지 비슷하게 살고 있는 부부들이 많다. 자녀를 독립시키고 직장에서도 은퇴했을 때, 한쪽 배우자는 도시에 남고 다른 한쪽 배우자는 귀농하는 경우가 그렇다.

재산 분할, 상속 등의 문제가 얽혀 있어서 이혼을 택하지 않고 졸혼 상태가 된 중년 부부들도 많다. 다만 일반적인 졸혼과 다른 점은 법적으로 이혼만 안 했을 뿐 사실상 이혼한 부부와 다를 바 없다는 것이다.

한 중년 부부가 졸혼을 선언했다. 나는 그들의 이야기를 듣자마자 그들의 선택을 응원했다. 만약 40대라면 이혼을 선택했을 텐데 50대가 되면서 온전히 자기 삶에 충실한 방법으로, 졸혼이 적합하다고 생각하기 때문이다.

상담을 하다 보면 부부로 평생을 함께 지내는 것은 우리 사회에서 인내심이 요구되는 일인 것 같다고 느낀다. 우리 사회는 결혼이 개인과 개인의 만남이 아니라 가족과 가족 간의 만남이기 때문이다.

다른 사례를 보자. 이 씨는 아버지가 재혼해서 태어난 자녀다. 아버지와 그 집안 사람들은 아들을 바랐지만 딸로 태어나자 아버지와 떨어져 어머니와 단둘이 살았다. 안타까운 점은 이 씨가 고등학교를 졸업하고 얼마 지나지 않아 어머니가 암으로 돌아가셨다는 것이다. 홀로 직장을 구하고 지금의 남편을 만나 가정을 이루어 세 명의 자녀를 두었다.

그러던 어느 날, 남편이 외도로 다른 여자와 살림을 차렸다. 그럼에도 이 씨는 이혼할 수 없었다. 그녀의 자녀들에게 아버지 없는 삶을 물려주고 싶지 않아서였다. 직장 생활을 병행하며 아이들을 교육시키며 부양해야 하는 그녀의 모습에 안타까우면서도 한편으로는 대단하다고 느껴졌다.

전문가들은 우리 사회를 '가족 관계의 확장을 이룬 관계 중심의 사회'라고 정의한다. 그래서 우리나라에서 이루어지는 상담은 개인에 국한된 상담이 아니라 가족까지 포함한 상담이 병행되어야 한다고 주장한다. 부부간의 문제도 둘만의 문제로 치부할 것이 아니라, 그들에게 영향을 미친 원가족에 대한 탐색도 병행되어야 한다.

개인의 심리적인 문제나 어려움은 대개 가족에서 시작된다. 건강하지 않은 가족에게서 그 문제가 시작되는 경우가 많다. 가족치료이론을 제시한 머레이 보웬(Murray Bowen)은 "자기분화는 정신 내적 측면과 대인관계와 관련되어 있다"고 했다. 정신 내적 측면에서 자기분화는 지적 기능이 정서적 기능에서 얼마나 분화되었는가를 의미하며, 대인관계 측면에서 자기분화가 잘 이루어지지 못한 사람은 확고한 자아를 발달시키지 못하고 거짓자아가 발달한다고 보았다. 자신의 일관된 신념을 바탕으로 자주적이며 독립적인 행동을 하지 못한다고 보았다.

보웬의 관점에서 정신 내적인 분화는 감정과 사고를 분리시키는 능력과 관련된다. 그래서 분화된 사람은 사고와 감정 사이에서 균형을 이룰 수 있으며 자제력이 있고 객관적인 반면에, 분화되지 못한 사람은 자율성이 부족하며 다른 사람과 융해되려는 경향이 있다고 본다. 정서와 지성 사이에 융해가 클수록 다른 사람의 정서적 반응에 융해되기 쉽다고 본다.

보웬은 개인의 자아가 가족자아 집합체에서 얼마나 분화되었는가를 중점적으로 본다. 융해된 사람은 확고한 신념을 고수하지 못하며, 이성적 사고가 아닌 감정에 바탕을 두어 의사결정을 하기 쉽다.

물론 보웬은 자아분화의 정도가 낮더라도 일상생활에서 정서적 평형을 누리고 아무 증상 없이 살아간다면 정상에 속할 수도 있다고 보았다. 그러나 대부분의 경우 스트레스를 받을 때 상처를 받으면 증상을 드러내기 쉽다고 했다.

개인주의 문화권에서서 보는 '가족'에 대한 관점이 이러한데, 우리나라처럼 관계 중심적인 사회에서는 더욱 그럴 수 있다. 그래서 혹자는 한국의 사회적 관계를 가족 관계의 확장이라고 한다. 친인척 관계가 아닌데도 이모, 삼촌이라고 부르고 형, 언니 등의 개념으로 관계의 친밀도를 가늠하는 것이 그렇다. 때로는 친밀감을 쌓기 위해 일부러 사용하기도 한다. 게다가 기업에서는 '한 가족'이라는 말도 쓴다. '우리는 가족 같은 기업입니다'처럼 말이다.

가족이라는 것은 개인에게 밑거름이 되기도 하고 불행의 씨앗이 되기도 한다. 나는 가족의 형태 중 하나가 졸혼이라고 생각한다. 중년기는 각자의 삶을 존중하고 이를 필요로 하는 시기인 것 같다.

# 인생은 항상
# 또 다른 길이 열려 있다

# 어차피 인생은
# 바이셀프

한 친구가 있다. 그녀는 단체 채팅방에 공원이나 강변을 찍은 사진을 자주 올려 계절의 변화를 알려준다. 어떤 친구는 아침 출근길에 예쁘게 핀 꽃을 찍어서 올려준다. 나는 그 사진들을 볼 때면 사진 이면의 것들도 느껴진다. 아침의 싱그러움이 느껴지기도 하고, 직장인의 바쁜 일상이 느껴지기도 한다. 그리고 친구들의 따스한 마음도 느껴진다.

우리가 마음을 전달하고 나누는 방법에는 여러 가지가 있다. 어떤 이는 밥을 사주거나 선물을 해서 마음을 전한다. 어떤 이는 안부 연락을 해서 마음을 전한다. 우리는 매일 똑같은 사람을 만나는 게 아니다. 조금씩 다른 색깔의 사람들을 만나고, 그들에게서 위로를 받기도 한다.

심리학자들이 인간의 유형을 구분하고자 부단히 노력해왔지만 쉽지 않은 일이다. 비슷한 유형이나 특성을 가진 사람들이 없기 때문이다. 사람은 모두 다르고 제각각이다. 비슷할 수는 있지만 같을 수는 없다.

자주 먹는 김치일지라도 매일 밥상에 올라오면 질릴 수 있는 것처럼 사람도 마찬가지다. 김치 같은 사람이 있고 메인 요리 같은 사람이 있다. 그래야 식탁이 풍성해지는 것처럼 사람들과의 만남도 풍성해진다.

기본 반찬 같은 관계가 가족인 것 같다. 항상 그 자리에 있어야 하는 것이 가족이다. 식탁 위가 좀 더 풍성하고 조화로울 때 우리는 대접받는 느낌을 갖는다. 가장 기본적인 반찬일지라도 모든 것을 해결해줄 수는 없다. 남편이 있다고, 아내가 있다고 해서 마음이 든든할 수는 있지만, 결혼이라는 관계를 통해서 덜 외롭거나 늘 위로를 받는 것은 아니다.

아이들이 자라 성인이 되면 부모님 집을 떠나는데 이때를 '빈 둥지 시기'라고 한다. 이러한 전환은 부모의 입장에서는 복잡한 감정이 느껴질 수 있다. 어떤 사람들은 빈 둥지 증후군 때문에 상실감이나 슬픔을 느끼기도 한다. 함께하던 자녀가 곁에 없으니 외로움을 느끼고 부모로서의 역할을 상실한 것 같은 기분이 든다. 그런데 이 단계는 개인적인 성장의 시기이자 자유로움이 생기는 기간이며 집중력이 향상되는 시간이기도 하다.

개인의 가치를 중요시하고 아이의 선택과 입장을 존중하려는 부모들을 자주 접한다. 아이의 결혼, 직업에 대한 생각들만 봐도 아이를 한 인격체로 인정하고 바라봐주는 것을 알 수 있다. 개인의 삶을 소중히 여기고 사회 제도나 사회적 연령에서 자유롭게 살아가게 하려는 부모의 마음이 느껴진다.

과거와는 달라서 개인의 가치를 소중히 여기고, 사회보장제도의 발전으로 삶의 질을 어느 정도 걱정하지 않아도 되는 시대에 살고 있는 것은 분명하다.

문화적인 가치가 달라지고 있는 것도 사실이다. 나이를 먹어 보니 절대적인 고독이 존재함을 느꼈다. 때로는 깊이 있는 선택을 해야 하는 문제에 직면할 때가 있고, 편하게 연락하거나 이야기를 나눌 대상이 필요할 때가 있다.

그런데 내 마음이 그렇다고 해서 친한 친구에게 연락하기가 쉬운 것은 아니다. 주말에 이런 마음이 들 때 가족이 있는 친구에게 선뜻 연락하기란 쉽지 않다. 때로는 화가 날 때, 상대를 믿고 이야기해서 마음이 후련해지고 싶을 때가 있다. 그런데 현실은 그렇게 하지 못할 때가 많다.

누군가를 믿고 편하게 이야기하기가 어려운 시대인 것 같다. 친하다고 생각했는데 '나만 친하다고 생각했구나'라고 느낄 때가 있다. 그럴 때면 '믿고 기댈 수 있는 누군가가 있으면 좋겠다'라는 생각이 든다. 그래서 우리의 부모님들이 왜 그렇게 "결혼은 꼭 해야 하는 거야"라고 말씀했는지 조금이나마 이해가 된다.

보웬은 "인간이라는 존재는 정서와 감정, 지적인 체계가 서로 영향을 미친다"고 했다. 관계에 있어서 똑같은 양의 생명 에너지를 투자하며, 이는 관계의 동등함 또는 각각의 다름에 대한 긍정적이거나 부정적인 사고, 감정, 정서, 행동에 의해 유지되는 균형 관계를 가져온다. 이런 연합성에 불균형이 일어나면 융해나 미분화 상태가 된다고 보았다.

의존적이기보다 독립적인 존재로 설 수 있을 때 자기분화가 되는 것이고 자율적으로 기능하는 능력이 분화된다. 그리고 이는 극단적인 반응에 사로잡히지 않게 해준다.

한때 방송가를 주름잡던 한 방송인이 배우자에게 이런 질문을 했다. "나 대신 죽을 수 있어?"라고 말이다. 이런 질문은 연인이나 부부간에 애정을 확인하려는 질문이기도 하다.

아내가 이 질문을 하니까 남편은 곰곰이 생각하다가 "잘 모르겠어. 확신을 줄 수 없어"라고 했다. 질문을 한 아내도 남편의 답변에 공감이 간다고 했다. 자신도 그 입장이 되었을 때 확신을 줄 수 없다는 생각이 들어서였다.

소중한 누군가가 아프다고 해서 내가 대신 아파해줄 수는 없다. 인생은 어차피 바이셀프다. 부부라도 개개인이 건강하게 설 수 있을 때 건강한 부부 관계가 형성된다. 이는 부모든 자녀든 마찬가지다. 자녀가 온전히 건강하게 설 수 있도록 부모가 그 역할을 해주어야 한다.

아이의 손을 놓지 않고 잡아준다 한들, 아이가 혼자 서는 게 아니다. 혼자 걸을 수 있는 기회를 주어야 한다. 성인이 된 자녀는 더욱 말할 것도 없다. 아이가 기대려고 할 때 혼자 잘 설 수 있도록 용기를 주어야 하는 것이 어른의 역할이다.

심리학자 에릭슨은 "노년기에 삶이 온전해지려면 중년에 가치 있는 일을 만들어야 한다"고 했다. 가치 있는 일이란 여러 가지가 있겠지만 그중 하나가 자녀를 잘 키우는 일이다. 자녀와 좋은 관계를 만들어가는 일이 어렸을 때부터 이루어져야 노년이 되었을 때 삶의 온전해진다고 보았다.

아이들이 부모를 조건 없이 사랑하는데, 부모는 부모라는 이유로 자식을 함부로 대하면 어떨까? 성인이 되면 부모를 찾지 않을 것이다. 내가 키운 자녀가 나를 찾아오지 않으면 어떤 기분일까? 절망스럽고 비참하지 않을까?

한번 생각해보자. 내가 나이가 들었을 때 자녀들이 나를 얼마나 찾아올까? 즐겁고 기쁜 마음으로 나를 보러 올까? 우리는 자녀에게 혼자 설 수 있도록 격려를 해주었는지 되돌아보아야 한다.

PART 2

인생은 항상 또 다른 길이 열려 있다

# 내 선택은
# 최고의 선택이었다

윤 씨는 집 근처 작은 산을 자주 올랐다. 그 산에는 오를 수 있는 길이 여러 갈래다. 그는 매번 '오늘은 어디로 올라가야 하나'라며 고민한다. 완만한 대신에 돌아가야 하는 길, 숲의 변화를 오롯이 느낄 수 있지만 높낮이가 있는 길, 가파른 계단으로 이어진 급경사의 길 등 다양했다.

그가 주로 다니는 길은 시간은 좀 걸리더라도 경치를 잘 볼 수 있는 길이라고 한다. 여유 있는 속도로 걸으면 운동도 되어서 좋다는 것이다.

우리는 살아가는 동안 끊임없이 선택의 기로에 놓인다. 오늘 점심 메뉴를 무엇으로 할지, 집에 갈 때 어떤 길로 갈지 등 사소한 일부터 언제 은퇴를 할지, 새로운 직장으로 옮길지 말지 같은 중요한 선택들이 늘 이어진다.

이때 선택의 기준이 무엇일까? 우리는 대개 이 선택 기준을 잘 몰라서 시간을 허비할 때가 많다. 어떤 이는 가슴이 시키는 쪽으로 선택한다고 한다. 내 마음의 감정이 어떠한지가 중요한 판단 기준이 되는 것이다. 그런데 가슴이 뛰는 것조차도 모를 때가 많다.

발달심리학자 장 피아제(Jean Piaget)는 "인지발달과정에는 동화와 조절이 있고, 동화와 조절의 과정을 거쳐 우리의 인지가 발달한다"라고 했다.

'동화'는 자신이 이미 가지고 있는 도식(인지구조) 속에 외부 대상들을 받아들이는 인지 과정이고, '조절'은 기존의 도식이나 구조가 새로운 대상을 동화하는 데 적합하지 않을 때 새로운 대상에 맞게 도식이나 구조를 바꾸는 인지 과정이다.

조절은 인지구조의 부적합성 때문에 인지 갈등이 유발된다. 평형 상태가 깨지면서 다시 평형 상태로 가기 위해 재평형화가 이루어지는 과정에서 일어난다. 피아제는 "동화와 조절은 항상 새로운 상위의 도식이나 구조를 생성하고, 이 과정에서 인지발달이 이루어진다"고 보았다.

사회심리학자 레온 페스팅거(Leon Festinger)는 인지부조화 이론을 제안했다. 그의 주장에 따르면, 사람들은 인지적으로 부조화가 되는 상황을 견디기 어려워한다. 그리고 균형을 맞추기 위해 태도나 가치를 변화시키려 한다. 즉 선택한 것이 무엇이든 그 선택을 되돌릴 수 없다면 우리는 그 선택을 가치 있다고 생각하고, 선택하지 않은 것의 단점을 부각시켜서 자신의 선택에 대한 만족도를 높인다.

나는 이 주장이 일리 있는 설명이라고 생각한다. 인간을 합리적인 존재로 보았던 사회적 환경에 비추어보면 이해할 수 있다. 그런데 '사람들이 자신의 선택에 대해 합리적으로 설명하면서 살아가는가?'라는 의문이 든다. 인간이라는 존재가 과연 합리적인 존재일까? 인간의 삶이 수학 공식처럼 딱 떨어지는 것은 아닌데 말이다.

윤 씨는 산을 오르다가 갈림길을 만났다. 평소라면 갈림길에서 위로 가야 하는데 별 생각 없이 아래로 향했다. 걷다 보니 낯선 길을 맞닥뜨렸고, 여러 번 왔다 갔다를 반복하다가 새로운 길을 만났다. 가다 보니 정상으로 향하는 길은 아니라서 제자리로 돌아왔다. 돌아오던 중에 작은 길이 위로 향해 있었고, 그 길에는 줄로 이어진 손잡이가 있었다. 그 줄을 이정표 삼아 걸었고 마침내 정상에 도착할 수 있었다.

그는 처음 가는 길이어서 전혀 지루하지 않았고 새로운 길을 알게 되었다는 사실에, 게다가 새로운 경치도 볼 수 있어서 무척 즐거웠다. 1시간 30분 정도의 코스를 3시간이나 걸려서 내려왔지만 새로운 길을 알았다는 흥분이 가시지 않았다. 이후 그는 산을 오를 때 어느 길로 갈지 고민을 덜했다. 결국 종착지는 같기 때문이다. 빙 돌아가서 힘을 덜 들이거나 짧지만 급경사로 올라가서 힘을 들이거나, 별반 다르지 않다고 느꼈다. 그러고는 정상에 서서 '그래, 내가 선택한 길이 최선이었어'라고 생각하면 되었다. 페스팅거가 이야기했던 것처럼 말이다.

우리는 순간순간 최선을 다하면 된다. 그것에 대해 적절하게 설명할 이야깃거리만 있으면 된다. 어느 삶이 옳다고 단정 지을 수 있을까? 우리의 생각과 판단은 끊임없이 움직이는데 말이다.

# 배려에는
# 강력한 힘이 있다

최 씨는 차를 타고 어딘가를 가고 있었다. 그는 다른 차의 움직임을 보면서 여유 있게 운전을 했다. 동승자는 그의 운전 방식 덕분에 편안한 마음이 들었다. 그래서 최 씨에게 이렇게 물었다. "다른 차들이 끼어드는데 양보도 잘하고 여유롭게 운전하는 이유가 있나요?" 그는 양보를 한다고 해서 늦게 도착하는 것도 아니고 상황이 달라지지 않는다고 말했다.

그의 이야기를 더 살펴보자. 그는 아들과 영국으로 여행을 간 적이 있었다. 자동차를 렌트했는데 반납 시간이 임박해서 주유를 급하게 하고 나오는 길이었다. 그때 주유구가 열려 있는 것을 발견했다. 조수석에 앉은 아들은 얼른 내려서 주유구를 닫았다. 그런데 줄지어 서 있던 차들이 아무도 경적을 울리지 않았다. 아들이 주유구를 닫고 뒤차 운전자에게 눈인사를 건넸더니, 그 운전자는 한 손을 들고 웃는 게 아니겠는가.

그는 그 일을 경험한 다음부터 웬만하면 경적도 안 울리고 양보 운전을 했다고 한다. 그랬더니 자기 마음이 더 편안해지고 안전하게 운전할 수 있었다는 것이다.

또 다른 이야기를 보자. 한 지인이 미국에서 운전할 일이 있었는데, 보행자를 우선시하는 운전 문화가 놀라웠다고 했다. 횡단보도에 사람이 서 있기만 해도 운전자가 차를 멈추는 것이었다. 이를 본 지인은 그 모습이 "아름답게 느껴졌다"고 했다.

잠깐 양보한다고 해서 내가 손해 보는 일은 없을 것이다. 오히려 뿌듯함이나 즐거움을 느낀다. 인간은 작은 배려에서도 온정을 느끼니 말이다.

뉴스에서 본 일이다. 김밥 가게에서 라면과 김밥을 주문한 어머니와 아들 이야기다. 모자는 음식을 주문한 뒤 가지고 있는 돈을 세어보더니 라면 주문을 취소해달라고 했다. 그러자 가게 주인은 이미 음식을 만들고 있어서 취소하기가 어렵다고 했다. 이를 지켜본 다른 손님이 그들의 음식 값을 몰래 내주고 싶었다고 했다. 그러면서 손님은 그 어머니가 자존심이 상할까 봐 걱정했다고 말하는 게 아니겠는가. 이런 뉴스를 볼 때면 마음이 따뜻해진다.

어떤 이는 버스를 탔는데 교통카드를 집에 두고 온 게 생각났다. 혹시나 하는 마음으로 가방 안을 뒤졌지만 교통카드는 없었다. 당황스러운 상황에 어쩔 줄 몰라 했다.

그런데 버스기사가 명함 같은 카드를 주면서 "여기로 입금해 주세요"라고 했다. 그는 알겠다고 하고 입금을 했다. 이때 반대편에 앉은 중년 부부가 입금이 잘 되었는지 물어보는 것이었다. 고개를 끄덕하니 다행이라면서, 만약 안 되었으면 대신 내주려고 했다는 것이다.

배려는 또 다른 방식으로 전달된다. 내가 받은 배려가 다른 이에게 전달되는 것이다. 운전 중에 누군가가 끼어들려고 할 때 양보를 한다고 해서 목적지에 늦게 도착하는 것도 아니고, 내 음식을 조금 덜어준다고 해서 배고픔이 이어지는 것도 아니다. 배려에는 강력한 힘이 있다. 아주 작은 관심은 배가되어서 커다란 불꽃으로 이어진다.

# 찾으라,
# 우리에게는 또 다른 길이 있다

1960년대 미국에서는 한적한 곳에 은퇴주택을 짓는 일이 유행이었다. 그 당시 사람들은 은퇴를 하면 대도시를 떠나 자연을 벗삼아 사는 게 행복한 삶이라고 생각했다.

시간이 흘러 이들의 생활을 확인했다. 그런데 생각했던 것만큼 행복하지 않더라는 것이다. 이유를 살펴보니, 그들은 사회에서 버림받았다고 느끼거나 자신들을 쓸모없는 존재라고 생각했다. 한적한 곳에 집을 지으니 찾아오는 사람들이 줄고, 무료한 생활이 이어졌기 때문이다.

발달학자들은 사람들이 은퇴하고 나면 2가지 유형으로 나뉜다고 보았다. 한 유형은 자기 분야에서 지속적으로 활동하며 지내는 경우다. 이들은 변화와 성장을 위해 몸과 마음을 꾸준히 움직인다. 그리고 여러 가지 일들을 미리 시간에 맞춰놓고 해낸다. 이들은 주로 도시에 살면서 사람들을 꾸준히 만난다.

다른 유형은 은퇴 이후에 유유자적한 방식으로 사는 경우다. 이들은 사회적인 활동은 줄이고 정원을 가꾸면서 살아간다. 주로 시골 한적한 곳에 별장이나 집을 짓고 산다. '그동안 열심히 일했으니까 이제는 좀 쉬어도 돼'라고 생각한다.

어떤 유형이든 정답은 없다. 자신의 성격과 취향이 잘 맞는 공간에서 사는 게 건강한 삶을 꾸린다는 것이 전문가들의 공통된 의견이다.

만족스러운 노후는 여러 요인의 영향을 받는다. 주로 성격 요인이 가장 큰 영향을 미치고 환경적 요인도 영향을 미친다. 그래서 개인이 원하는 방식일 때 가장 건강하고 만족스러운 노후를 보낼 수 있다.

은퇴를 앞둔 50대라면 어떨까? 50대는 남은 시간을 어떻게 보내야 할지 준비해야 할 시기다. 무엇인가를 성취하기보다는 시간을 어떻게 쓸지 준비하는 시기다.

한 교수는 10년 전부터 노후 준비를 했다. 경제적 자유를 위해 연금보험도 들고 노후 자금을 차곡차곡 모았다. 은퇴를 몇 년

앞둔 때에는 고향에 나무도 심고 보살폈다.

그는 고향에서 노후를 보내고 싶어 했다. 그런데 현실은 달랐다. 여러 제약이 있었다. 무엇보다 가족들이 그가 고향에서 홀로 지내는 것에 대해 걱정을 많이 했다. 그도 그럴 것이 예전에 혼자 있다가 쓰러진 적이 있었기 때문이다.

몸 이곳저곳에 적신호가 켜졌고 꽤 긴 시간을 병원 다니는 일에 할애했다. 경제적으로 미리 준비를 했더라도 제약은 있기 마련이다. 어떤 경우에는 새로운 무언가를 시도하거나 활동을 앞두고 건강상 무리가 될까 봐 두려워지는 때도 있다.

결국 그는 최선의 선택을 했다. 도심에서 농사를 지을 수 있는 땅을 알아보았고 규칙적인 운동으로 건강 관리를 했다. 도심에서 생활했기 때문에 친구들과도 함께 지낼 수 있었다. 종종 들려오는 소식에 의하면 가족들과도 좋은 시간을 보내고 있다고 한다.

어떤 한 분도 훨씬 오래전부터 노후 준비를 했다. 배우고 싶은 것이 있으면 관련 강의를 듣거나 새로운 프로그램을 배우러 해외까지 나갔다. 최근에는 영상 편집을 배워서 촬영과 편집하는 일도 하고 있다. 그의 눈빛에서 열정이 느껴졌다. 나는 '열정은 나이와 무관하구나'라는 생각이 들었다. 열정을 가지고 하나에 몰입하는 그의 모습을 볼 때면 부러운 마음까지 들었다.

어떤 형태로든 삶은 이어진다. 그 시간을 어떻게 보낼지 잘 준비하는 것도 필요하지만, 무엇보다 자기 자신을 잘 파악하는 것이 중요하다. 세상은 변화한다. 그리고 나도 변화한다. 그러니 자기 자신을 잘 들여다보자.

## 그만두어야
## 새로 시작할 수 있다

미국의 로버트 프로스트(Robert Frost)가 쓴 시 「가지 않은 길」의 첫 구절을 보자. "단풍이 든 숲속에 두 갈래 길이 있었습니다." 내가 대학을 다녔을 때 영어 수업시간에 교수님이 이 '두 갈래 길'의 의미를 물어보셨다. 학생들은 돌아가면서 자기 생각을 이야기했다. 교수님은 명확한 답을 주시지는 않았다. 지금도 이 두 갈래 길에 대해 의견이 다양하다.

과거보다는 유연해졌지만 대다수는 한 직장에서 오랫동안 경력을 쌓고 은퇴를 한다. 청년기에 자신이 원하는 학과에서 공부하고 직장에 들어가 능력을 펼친다. 이 과정에서 우리가 바라는 것들을 모두 얻을 수는 없다.

　청소년이나 대학생을 대상으로 진로 상담을 할 때가 있다. 나는 그들에게 '잘하는 것이 무엇인지, 무언가에 몰입해본 적이 있는지, 좋아하는 것이 무엇인지' 등에 대해 질문한다. 그리고 이러한 것들을 직장 생활을 하면서 구현할 수 있을지도 질문한다.

　우리가 바라는 것을 모두 얻을 수는 없다. 내가 원한다고 직장에서 나를 뽑아주는 것도 아니다. 이때 좌절감이 든다면 취미 생활을 통해 이루어보는 것도 괜찮은 방법이다. 취미나 여가 활동을 통해 삶의 만족도를 높여보는 것이다.

　그런데 현실은 녹록지 않다. 직장을 다니면서 자기계발을 할 시간과 에너지가 부족하다. 주말이면 밀린 잠을 자기에 바쁘다. 그러니 직장인에게 취미 활동에 에너지를 쏟는다는 게 가당키나 한 일인가? '파이어족이 되어서 내 삶을 찾겠다!' 하는 친구가 있다면 '대책 없이 무슨 말이야?' 하고는 뜯어 말리지 않겠는가? 물론 파이어족을 이룬 사람들도 있지만 이것도 소수일 뿐이다.

　내가 잘하는 것을 직업으로 삼고 좋아하는 것을 취미로 갖는 것은 그럴듯한 포장이 아닐까 싶다. 이런 말도 있다. '좋아하는 것을 직업으로 삼지 마라. 직업으로 삼는 그 순간, 그것을 더 이상 좋아할 수가 없다.'

최 씨는 직장에서 열심히 일하면서 경력을 쌓았고, 이후 같은 직종의 직장으로 이직을 했다. 직장 생활을 열심히 하며 아이도 키우고 승진도 했다. 시간이 흘러, 그는 어머니가 물려주신 땅에서 고향 친구들과 캠핑을 했다. 친구들이 여기에 캠핑장을 만들어보라고 조언했고, 그는 결국 실행했다. 주말이면 고향으로 내려가 땅을 다지고 돌을 쌓고 개울을 냈다. 어린 나무를 구해서 땅에 심고 키웠다. 빈 땅은 캠핑장의 모습을 갖추어 갔고, 그는 그렇게 은퇴를 준비했다.

그는 현 직장에서 몇 년만 일하고 은퇴할 생각이라고 한다. 은퇴를 하면 본격적으로 캠핑장을 꾸미며 삶의 터전을 일굴 것이라고 했다. 자기가 좋아하던 취미를 직업으로 만든 사례다. 지금까지 걸어온 길과는 많이 다른 분야이지만 그동안 차근차근 길을 닦았으니 연착륙이 수월할 것이다.

프로스트의 가지 않은 길이 두 갈래라서 얼마나 다행인지 모르겠다. 여러 개였으면 어떡할 뻔했을까 싶다. 고민과 선택을 더 많이 해야 했을 테니까. 한 번 사는 인생, 좋아하는 것 한 번쯤은 해봐야 하지 않을까?

# 만족스러운 결혼 생활의 기본 전제

우리나라는 '관계'를 중요시한다. 여기서 말하는 관계는 가족을 바탕으로 한다. 그래서 우리는 친밀한 관계에서 '이모' '삼촌'이라 부르고, '동생 같아서' '자식 같아서'라는 말을 하며 가족의 범주로 포함시키려 한다.

영화 〈라이프〉를 한번 살펴보자. 주인공 '데이빗 조던'은 어린 시절에 집을 떠나 열심히 살았다. 그러면서 사회적으로 성공을 거두고 사랑하는 사람을 만나 결혼을 한다. 행복한 생활도 잠시, 그는 암에 걸리고 만다.

그는 치료를 위해 저명한 의사를 찾아다니고 한방 치료도 했다. 한방 치료 의사는 그에게 "억눌린 분노를 표현해야 합니다. 그래야 마음이 안정됩니다"라고 이야기했다.

조던은 자기 마음속에 해소되지 않은 가족과의 억눌린 과제를 해결해야겠다고 마음먹었다. 그래서 오랜만에 부모님을 찾아갔지만, 마음속에 있는 말을 다 하지는 못했다. 어린 시절에 아버지가 자기를 충분히 사랑해주지 않았다는 것에 대한 원망, 그리고 동생이 아버지에게서 벗어나 도시로 왔다면 성공했을 텐데 그렇지 못했던 것에 대한 한심한 마음만 표현했다. 동생은 형이 선택한 삶이 있는 것처럼 자신도 선택한 삶이 있다며, 이를 존중해달라고 했다.

조던은 아내가 임신 중이었기 때문에 아들이 태어날 때까지만 살 수 있게 해달라고 기도했다. 다행히도 아이의 탄생을 볼 수 있었다. 남은 삶이 얼마 안 남았다는 아들의 소식을 들은 부모님이 그의 집을 방문한다. 아들 조던과 따스한 이야기를 나누며 아버지가 그를 얼마나 사랑했는지 이야기한다.

이 영화를 본 사람들과 어떤 생각이 들었는지 이야기를 나눈 적이 있다. "남편이 시한부인데 어떻게 아이를 출산할 수 있었을까?" "나라면 곁에서 남편의 고통을 온전히 느끼면서 보살필 수 있었을까?" 등의 반응이었다. 비현실적이라는 것이다. 현실이라면 일상은 흔들리고 경제적으로도 어려웠을 것이다. 여기에는

'가족'을 바라보는 문화적 차이가 있는 것 같다. 그리고 '죽음'에 대한 가치도 달리 생각하는 것 같다.

우리 사회는 관계 중심적 사회다. 이 관계는 가족의 확장으로 받아들여진다. 즉 개인의 가치가 개인의 삶이나 태도에 영향을 받기보다는 관계 안에서 규정된다는 것이다. 많은 드라마가 가족 간의 애증을 다룬다. 개인의 성장도 가족의 영향을 많이 받는 것으로 설정하고 있다.

한편 서구권은 어떠한가? 개인의 가치를 우선시하는 개인주의와 자유주의 특성을 바탕으로 하고 있다. 서양의 생명의료윤리는 근본적으로 개인의 자율성을 토대로 한다. 이에 따라 자율성과 자기결정, 그리고 개인주의적 자유를 강조한다. 반면에 관계적이고 가족 중심적인 동양 사회에서는 '가족 공동체'라는 가치를 우위에 둔다.

최근 개인의 가치를 존중받지 못해서 이혼을 선택하는 경우가 많다. 이는 개인의 가치가 중요시되는 현상을 보여주는 것이다. 우리 사회에서 이혼을 하려면 그동안의 관계가 모두 끊어져야 한다. 혹은 그 관계를 어정쩡하게 유지함으로써 복잡한 상황에 이르기도 한다. 그래서 이혼하기가 더 어렵고 애증의 관계에서 살게 된다.

'효과적인 의사소통'은 건강하고 만족스러운 결혼 생활에서 필수 요소다. 부부 의사소통 전문가 존 고트만(John Gottman)은 "파트너가 어떻게 상호작용하고 의사소통하는지를 보면 부부간의 만족도를 알 수 있다"고 주장했다. 고트만은 의견이 다른 주제로 토론을 할 때 부부의 생리적 반응과 행동을 분석해 결론을 도출했다.

고트만은 '결혼 살인자'라고 부르는 파괴적인 의사소통 패턴을 몇 가지 제시했다. 이러한 패턴에는 경멸, 비판, 방어, 스톤월링(stonewalling) 등이 포함된다.

경멸은 상대방에 대한 우월감, 무례함을 말한다. 비판은 부정적인 판단을 내리고 상대방의 성격을 공격하는 것이다. 방어는 자신을 보호하고 파트너에게 책임을 전가하는 것이 필요할 때 일어난다. 스톤월링은 대화를 중단하고 철회하는 것을 의미하며, 이는 의사소통의 참여와 연결이 결핍된 상태를 말한다.

고트만은 "결혼 생활에서 갈등의 상당 부분을 차지하는 이런 문제는 이상한 것이 아니라 지극히 정상적인 것이다"라고 설명했다. 다만 갈등 상황일 때는 유머와 수용을 바탕으로 접근해야 한다고 주장했다. 따라서 성공적인 결혼 생활을 위해서는 끊임없이 협상하고 연결되어야 하며 이해를 유지해야 한다.

우리는 감정을 있는 그대로 표현하는 방법을 배우지 못했다. 좋거나 싫은 감정을 잘 표현하지 못했고, 요구가 무엇인지 잘 설명하는 방법을 배우지 못했다.

 한 지인이 고등학교 친구들과 여행을 갔다. 여행에 동반한 중년 부부가 있었는데, 항상 손을 잡고 다니는 그들의 모습이 기억에 남는다고 했다. 남처럼 걸어가는 부부만 보다가 다정하게 손을 잡은 부부의 모습이 부러울 정도였다고 했다.

 험난한 세상에서 내 손을 잡아주는 누군가가 있다면 세상은 살 만하지 않을까? 상대방에게 위안과 편안함을 느낄 것이다. 우리가 어렸을 때는 부모님이 내 손을 잡아주었고 기댈 수 있게 해주었다. 그런데 나이가 들어서 부모님도 세상에 안 계시면 누구에게 의지를 해야 할까? 결국은 부부가 서로 의지하고 위로를 주고받아야 한다.

## '효자 콤플렉스'에서
## 조금은 벗어나보자

지인의 어머니가 90세를 넘긴 어느 날, 하늘나라로 떠나셨다. 지인은 어머니가 요양원에 오랫동안 계셨고 연세도 90세를 넘겨서인지 생각보다 덜 슬프다고 했다. 아니면 아버지를 먼저 떠나보낸 경험이 있어서일지도 모르겠다.

지인 어머니가 돌아가셨다는 부고를 듣고는 여러 생각이 들었다. 놀라움보다는 '잘 마무리하고 정리하고 있겠지'라는 생각이 들었다. 중년에 이른 자녀들이 '죽음'이라는 섭리를 잘 알고 있어서 그런 걸까?

화장을 앞두었을 때, 가족들은 그 순간 슬픔이 몰아친다. 사랑하는 가족과 이별해야 하는 순간임을 체감하는 때라서 그런 것 같다. 장례식에 갔을 때 초등학교 저학년 정도로 보이는 한 아이가 아버지의 영정 사진을 들고 있는 걸 보았다. 아이는 무표정했지만 지켜보는 이들은 마음이 저려왔다. 아버지의 부재로 아이가 겪을 앞날을 걱정해서였을까? 물론 아버지의 부재가 아이의 인생에 불행으로 다가올 것이라 단정 짓는 것은 아니다.

가족들은 아이가 장례식을 직접 볼 수 있었고, 아버지도 아이의 모습을 보고 생을 마감할 수 있었기에 감사하다고 했다. 나는 이 말을 듣고 내가 중년이 되어서도 부모님이 살아계셨다는 일이 얼마나 감사한 일인지를 새삼 깨달았다.

중년이 되면 연로한 부모님을 보살피는 데 시간과 정성을 들인다. 중년은 자녀와 부모님 사이에 끼인 '샌드위치 세대'라고도 한다. 중년기인 자녀는 부모를 지원하고 돌보는 중요한 역할을 한다. 샌드위치 세대는 성인 자녀를 부양하는 동시에 연로한 부모님의 요구도 충족시켜야 하는 이중 부담에 직면한다.

최근 들어 직장 생활로 고향을 떠나 살고 있는 경우가 많아서 예전처럼 장자가 나이든 부모를 보살피는 경우는 줄어들었고, 가까이 살고 있는 자녀가 부모를 보살피는 경우가 많다.

우리가 갖고 있는 문화적 규범과 기대는 성인 자녀가 노부모에게 어떤 보살핌을 제공할 것인지에 상당히 중요한 영향을 미친다. 우리도 비교적 최근까지 중년기 자녀가 부모를 돌봐야 하는 상황들이 있었다. 여기에는 재정 지원, 일상 활동 지원, 장기 치료 옵션에 대한 결정 등이 포함된다. 이러한 간병 역할은 감정적으로나 재정적으로 부담스러울 수 있다. 따라서 자신의 필요와 가족 구성원의 책임 사이에서 균형을 유지할 필요가 있다.

대조적으로 서양 문화는 개성과 자립성을 강조해왔으며 종종 전문적인 돌봄에 의존하거나 노부모를 수용하기 위해 가정 환경이 변화했다. 최근 우리나라도 전문적인 보살핌에 의존하는 경우가 많이 생기거나 사회보장제도가 여기에 맞춰져 있다.

제도적인 시스템이 잘 갖추어져 있다 하더라도 사람들의 가치관은 또 다른 선택인 것 같다. 실제로 요양 시설에 머무르는 것을 받아들이기 힘들어하는 경우가 많다. 죽더라도 내 집에서 죽겠다고 해서 자녀들이 힘들어하는 경우도 많다. 부모님을 요양원에 모시는 일로 자녀 간에 갈등이 생기기도 한다. 의견을 중재하고 결정하는 일 모두 중년층의 몫이다.

우리는 살면서 어쩌지 못하는 일들을 겪는다. 부모님을 부양하느라 지친 중년, 자녀 교육으로 벅찬 중년. 그렇다고 혼자 고민하거나 끙끙 앓을 필요는 없다. 고민은 나누고, 때로는 조금 더 마음을 편하게 먹을 필요가 있다. '효자 콤플렉스'라는 말이 있다. 여기에서 조금 벗어나보자.

# 고장이 나면
# 고쳐서 쓰면 되는 거지

 자동차가 고장이 나거나 문제가 생기면 부속품을 바꾸거나 수리를 해야 한다. 그러다가 고장이 잦으면 이 차를 계속 타야 하는지 고민하게 된다.

 한 지인이 자동차를 유지하는 방법이라며 말해준 게 기억이 난다. 계속 돈을 들이면서 지금의 자동차를 유지하는 방법, 아니면 새 차를 구입하는 방법이다. 전자는 수리비는 들겠지만 새 차를 구입하는 것보다는 저렴한 방법이다. 어떻게 하는 게 좋을지 잘 고민해봐야 한다. 이때 타이밍이 중요하다.

 우리는 보통의 나날을 살아가면서도 때로는 문제에 맞닥뜨린다. 문제가 너무 커서 원래대로 돌아가기가 어려운 경우도 있다. 자동차의 문제라면 새 차를 사면 그만이겠지만, 50대인 중년층이라면 문제는 달라진다. 한마디로 '고쳐 써야 하는' 시기가 된 것이다. 게다가 몸이 아파서 건강을 잃었다면 더욱 그렇다.

중년기라면 몸 곳곳에서 신호가 온다. 노화 신호는 더 잘 느껴진다. 손목이 아프거나 무릎 관절에 문제가 생기기도 한다. 병원에서는 수술하라는 진단을 내리기도 한다. 미리미리 검진을 받고 건강에 신경도 써보지만 한두 군데 정도는 이상이 생긴다.

중년기의 건강은 여러 가지 요인의 영향을 받는다. 유전적인 영향은 물론이고 후천적인 영향을 받기도 한다. 그동안 건강관리를 어떻게 해왔는지에 따라 달라진다는 뜻이다. 규칙적인 운동, 건강한 식습관을 유지했는지에 따라 건강의 결과는 달라진다.

특히 만병의 근원이 되는 스트레스를 잘 관리해야 한다. 스트레스란 정상적인 범위를 벗어나 찌그러진 상태를 말한다. 어떤 요인으로 인해 몸과 마음이 지쳐 있는 상태이기도 하다. 그런데 일상에서 아무 일도 일어나지 않는다면 스트레스가 없을까? 아니다. 아무것도 하지 않아도 무료함 때문에 스트레스를 받는다고 한다. 다만 스트레스를 없앨 수는 없다. 그러니 이를 어떻게 인식하고 잘 다루느냐가 중요하다.

스트레스를 어떻게 잘 다룰 것인가? 스트레스 상황에 어떻게 대처할 것인가? '나는 스트레스를 받을 때 어떻게 극복하거나 다룰까?'를 한번쯤 생각해봐야 한다.

스트레스를 받으면 스트레스를 주는 대상을 향해 직접적인 행동을 할 수도 있다. 문제의 원인을 찾고 이를 변화시키기 위해 대책을 세우고 행동의 변화를 도모한다. 짜증이나 화를 낼 수도 있고 자책할 수도 있다. 잠을 잘 못 자거나 반대로 지나치게 잘 수도 있다. 타인에게 공격적으로 행동할 수도 있고, 그 대상이나 자신을 향할 수도 있다. 또는 산책이나 등산처럼 운동을 할 수도 있다.

우리는 스트레스에 잘 대처하는 방법을 찾아야 한다. 간혹 내가 통제하기 어려운 상황도 있다. 내가 속해 있는 기업의 문화를 따라야 하는 경우가 그렇다. 그런데 직장 스트레스를 받는다고 해서 무조건 다니던 직장을 그만둘 수는 없지 않은가. 그러니 정서적 위안, 심리 상담, 공감 상황 등이 필요하다.

스트레스에 끌려갈 것인가, 아니면 내가 스트레스를 끌고 갈 것인가? 50년이란 시간을 살아오면서 내가 했던 방식은 무엇인가? 그리고 그 방식은 내 삶에 어떤 영향을 미쳤는가? 우리는 스트레스에 대처하는 주도권을 가졌을 때야말로 건강하고 안정된 노후를 맞이할 수 있다.

# 나는
# 그렇게 안 살 거야

건강하게 나이 들어가는 일은 우리 중년만의 문제가 아니다. 우리의 부모님 세대가 그렇고, 우리의 자녀 세대가 그렇다. "나는 부모님 유산을 못 받을 것 같아. 아마도 손주가 받을 것 같아"라는 우스갯소리도 있지 않는가.

중년기 부모라면 자녀가 선택한 일을 적극적으로 지원할 것이다. 부모님을 봉양하는 역할도 맡을 것이다. 가족학자들은 이 상황을 샌드위치 세대에 빗대어 말한다.

샌드위치 세대는 젊은 가족 구성원과 나이가 많은 가족 구성원의 필요를 충족시켜야 하는 상황에 직면해 있다. 여기에는 가족 관계를 유지하기 위해 들이는 노력을 의미하는 킨키핑(kinkeeping)이 포함된다. 또한 중년층은 연로한 부모를 돌보는 역할을 맡는 경우가 많기 때문에 스트레스와 압박감을 더 느낀다.

어느 날, 한 중년 여성이 넌지시 말을 걸어왔다. 그녀의 어머니는 고민거리가 있을 때면 자신에게 이야기한다는 것이다. 그런데 유산을 정리할 때는 오빠나 남동생을 찾는다는 것이었다. 그녀는 서운하고 답답한 마음이 든다고 했다. 어머니와 드라이브도 하고 맛있는 음식도 사먹는데, 헤어질 때면 꼭 자기 속을 뒤집어놓아서 화가 난다고 했다.

어머니의 행동 중에서 이해할 수 없는 부분도 있다고 했다. 어머니는 늘 자기가 원하는 식당이 있으면 가야 하고, 갖고 싶은 물건이 있으면 사야만 직성이 풀린다는 거였다. 어떤 날은 오빠 생일인데도 어머니가 가고 싶은 식당으로 예약을 해야 했다. 아니면 식당에 전화를 걸어 당신이 드시고 싶은 메뉴로 변경까지 한다는 것이다. 이렇게 자기 마음대로 하려는 어머니의 모습에 그녀는 답답해했다. 그러고는 자기도 어머니처럼 늙을까 봐 두렵다고 했다. 자기 모습에서 어머니의 모습을 발견할 때면 깜짝 놀란다고도 했다.

그녀는 중년으로 접어들면서 우울해했다. 알츠하이머병으로 몇 년째 요양원 생활을 하는 어머니 때문에 참으로 힘들다는 거였다. 기억도 못하는 어머니이지만, 그녀는 어머니를 보살피고 부양해야 했다.

우리는 때로 부모님의 모습을 보면서 부모님처럼 살까 봐 걱정할 때가 있다. 왜 그럴까? 아마도 자기가 처한 상황이 힘들어서 그런 것 아닐까? 부모님을 편안히 대할 수 없고 자녀에게 힘든 상황을 물려주고 싶지 않아서 그런 것 아닐까?

연로하신 부모님을 볼 때면, 그래도 당신의 소망을 주장할 수 있다면 건강한 것이라고 생각해서 위안을 얻을 때가 있다. 중년이 되고 보니 부모님이 건강하다는 사실이 얼마나 축복이었는지 알게 되었다.

심리학자인 앨버트 엘리스(Albert Ellis)는 "우리가 느끼고 행동하는 것들은 어떤 신념, 어떤 생각, 어떤 태도를 가지고 있느냐에 따라 달라진다"고 했다. 이 말은 곧 우리가 어떤 신념을 갖느냐에 따라 괴로운 상태가 되기도 하고 행복한 상태가 되기도 한다는 뜻이다. 이러한 신념을 엘리스는 '비합리적인 신념'이라고 했다.

'모든 사람에게 인정받아야 한다'라는 생각은 대표적인 비합리적인 신념이다. 모든 사람들로부터 '괜찮은 사람'이어야 한다는 신념은 나도 모르게 불편함을 견뎌야 한다는 뜻이기도 하다.

그래서 나를 덜 아끼고 나를 힘들게 할 수 있다. 부모에게 짜증이 날 수도 있고 화가 날 수도 있다. 이를 부정하지 말고 자연스러운 감정이라고 받아들이는 게 중요하다.

# 내 삶에
# 통제력을 채워주자

박 씨는 주말이면 어김없이 훌쩍 떠난다. 집 근처 산을 등반할 때도 있고 때로는 조금 멀리 떨어진 곳에 가기도 한다. 근처 공원을 한 바퀴 돌기도 한다. 그는 주말을 그렇게 보내야 한 주를 잘 보낸 것 같다고 했다. 그러고 나면 답답한 것도 좀 풀리고 마음이 안정된다고 했다.

지인들은 그의 추진력과 활동성을 칭찬하거나 부러워한다. 그가 주말마다 바깥활동을 하는 것은 외향적인 사람이라거나 몸을 움직이는 걸 좋아해서 그런 건 아니다.

어느 주말, 그는 갑자기 가슴이 답답해지고 집에 있는 게 안정이 안 된다는 느낌이 들었다. 아마도 공황발작이 아니었을까 싶다. 그는 밖으로 뛰어나가 가쁜 숨을 쉬며 진정을 했는데, 가끔씩 집에 있을 때면 답답함이 몰려와 힘들다고 했다. 그래서 주말이면 밖으로 나가 관심을 다른 곳에 두었다.

한 중년의 신사도 비슷한 경험을 했다. 그는 믿었던 지인에게 배신을 당하면서 심리적으로 힘든 시기를 겪었다. 우울감은 깊어지고 약에 의존하게 되면서 점점 무기력한 상태에 빠지고 말았다. 이후 아주 힘든 노년의 시기를 겪었다.

'오십'이라는 시기는 어떻게 살아야 하는지 아는 나이이기도 하지만, 그동안 지켜왔던 삶의 원칙이 무너지는 시기이기도 하다. 그런데 한 번 실수했다고 인생이 끝나는 것도 아니고, 원칙을 안 지켰다고 해서 다른 일들이 무너지는 것도 아니다. 이 평범한 사실을 깨닫는 시기가 바로 오십이다.

심리학자들은 "내 삶을 내가 통제할 수 있다는 신념이 세상을 대처하는 방식에 중요한 영향을 미친다"라고 했다. 주말이면 온전히 자기 시간을 가지면서 안정감을 도모하는 것이 좋다. 생활에 활력을 주고 적응력을 높여주기 때문이다. 환경에 자신을 내버려두기보다는 활력을 얻는 방법을 찾아보고 실행해보자. 우리에게 남은 시간은 아직 많다. 남은 삶을 안정적으로 살아가야 할 책임은 나에게 있다는 것을 명심하자.

## 스스로 미해결 과제를
## 찾아서 채운다

# 때로는 눈과 마음으로
# 맛을 느껴보라

매일 점심이면 무엇을 먹을지 고민이 된다. 비 오는 날이면 따끈한 국물이 생각나고, 무더운 날이면 시원한 냉면이 생각난다. 그런데 날씨에 따라 메뉴를 정하기에는 매일매일이 같은 날이고 메뉴도 한정적이라서 고르는 게 여간 쉽지 않다.

귀한 사람을 만났을 때 가봐야겠다고 생각해둔 음식점이 있다. 음식 자체도 중요하지만, 음식점의 분위기나 음식을 담는 접시 등을 통해서도 음식의 맛을 느낀다.

나이를 조금씩 먹어보니 느끼는 게 있다. 만든 이의 정성이 느껴지는 음식이 있다는 점이다. 똑같은 재료로 요리해도 고유의 향기가 느껴지는 음식 말이다.

　나이가 들수록 미각에도 변화가 생긴다. 맛은 물론이고 음식의 식감도 다르게 느껴진다. 노화에 따른 미각의 변화는 슬프지만 현실이다.

　맛을 느끼게 하는 '미(味)세포'는 3천~1만 개로, 45세를 전후해서 그 수가 줄어들기 시작해 점차 미각이 둔해진다. 혀도 나이가 든다는 뜻이다. 의학 전문가는 "시각이나 후각에 비해 두드러지진 않지만 미각도 나이가 들면서 기능이 떨어진다. 어르신들이 짜게 먹는 이유도 미각이 둔해져서 그렇다. 짠맛을 잘 느끼지 못하기 때문이다"라고 했다.

　침은 음식을 충분히 용해시키고 작은 분자로 만들어서 혀의 미세포 내 감각수용기에서 단맛, 신맛, 쓴맛, 짠맛 등을 감지하게끔 한다.

　폐경을 한 여성은 호르몬의 변화로 침이 말라 입안이 쓰리거나 화끈거리는 등 미각 장애가 생길 수 있다. 침샘에 만성적인 염증 때문에 침이 마르는 쇼그렌증후군을 앓거나 방사선 치료를 하는 중에도 침이 덜 생성되어 미각 장애가 생길 수 있다.

　한편 스트레스가 심하거나 우울증이 있다면 일시적으로 침 성분이 변해서 제대로 맛을 못 느낄 수도 있다. 아프거나 기운이 없을 때 '입이 쓴' 느낌을 받는 것도 이런 이유 때문이다. 남아 있는 미뢰도 크기와 감도가 감소해 미각 기능을 떨어뜨린다.

나이가 들면 후각 기능도 떨어져서 맛을 느끼는 감각도 동시에 떨어질 수 있다. 노화로 인한 질병들 때문에 미각에 부정적인 영향을 미치기도 한다. 바이러스, 박테리아 감염으로 인한 감각의 둔화가 그 예다. 상부 호흡기가 감염되면 코막힘, 콧물 같은 증상이 나타날 수 있다. 이는 후각의 기능을 떨어뜨려서 맛을 인식하는 데 영향을 준다.

비염, 축농증 때문에 후각에 문제가 생겨도 미각 기능에 영향을 줄 수 있다. 입안의 미각돌기만으로 맛을 감지하는 것은 아니다. 우리가 감기에 걸렸을 때 입맛이 없다고 느끼는 것은 미각의 문제가 아닌 감염된 후각 때문이다. 예를 들어 향기 좋은 커피나 빵 같은 경우에 그 맛은 탄 맛이거나 밍밍한 맛이었을 거다. 그런데 우리는 커피 향기나 달콤한 빵 냄새에 이끌려 카페에 들어가지 않는가?

특정 비타민과 미네랄이 결핍되어도 입맛을 잃을 수 있다. 구체적으로 비타민A, 비타민B6, 비타민B12, 아연, 구리 등의 영양소가 부족하면 입맛을 잃는다.

영향을 미치는 요인은 또 있다. 약을 과다하게 복용했을 때다. 우리는 생각보다 많은 약을 복용하고 있다. 처방전 없이 먹을 수 있는 약도 있으니, 여러 약물들이 몸속에서 뒤엉켰을 때 어떤 영향을 미치는지 제대로 알기가 어렵다.

미각장애를 호소하는 대부분의 환자가 당뇨병, 고혈압, 관절염 등 만성질환 약을 복용하는 노인이다. 미각세포는 약 11주마다 재생되는데, 당뇨병 약 등이 미각세포 재생에 중요한 역할을 하는 아연을 몸 밖으로 배출시키기 때문이다.

전문가들은 진통제를 지속적으로 복용하면 감각 신경에 내성이 생겨 미각이 감퇴할 수 있고, 신장 질환, 당뇨병, 갑상선기능저하증 등 대사성 장애가 생겨 미각이 소실되거나 맛이 없는데도 맛을 느끼는 미각환상에 사로잡힐 수 있다고 한다. 위산이 올라오는 역류성 식도염을 앓고 있다면 입에서 신맛이 느껴져서 음식 고유의 맛을 잘 느끼지 못한다.

일부 약물은 미각을 변화시키고 미각에 대한 인식을 변화시키기도 한다. 대표적으로 고혈압 치료에 사용되는 안지오텐신 전환효소 억제제가 그렇다. 또한 구강을 건조하게 만들어서 미각 인식 기능을 떨어뜨리는 약물도 있다. 항생제, 항우울제, 항진균제, 항히스타민제, 항고혈압제, 항염증제, 항정신병약, 항바이러스제, CNS 약물(중추신경계 투과 약물), 이뇨제, 근육 이완제, 갑상선 약물 등이 이에 해당된다.

파킨슨병, 다발성 경화증, 알츠하이머병과 같이 입이나 뇌신경에 영향을 미치는 신경계 장애도 미각 인식에 변화를 일으킬 수 있다. 암과 같은 일부 비신경계 장애에서는 치료 중 미각 인식에 변화를 느끼는 경우가 많다. 궁극적으로 뇌, 코, 입에 영향을 미치는 모든 의학적 상태는 입맛에 변화를 줄 수 있다.

신경의 손상도 맛을 감별하는 기능과 관련 있다. 입에서 뇌까지의 경로를 따라 이어진 신경은 미각 기능과 미각 인식을 담당한다. 부상이나 질병으로 인해 이 경로의 신경이 손상되면 입맛이 변한다. 미각에 영향을 주는 신경 손상 요인으로는 귀 감염, 귀 수술, 치과 치료, 구강 수술, 안면 신경 기능 장애, 뇌 외상 등이 있다.

담배에 포함된 화학물질은 미각에 포함된 수용체를 변화시키기도 한다. 흡연을 중단한 흡연자의 미각 인식 변화를 조사한 연구에 따르면, 초기 니코틴 의존도가 높을수록 연구 참가자의 미각 민감도가 낮다는 것이 밝혀졌다. 또 금연 후 단 2주 만에 미뢰 기능 개선이 이뤄진다는 것이 관찰되었다.

맛 감별에 영향을 미치는 요인들은 많다. 생물학적인 메커니즘으로 보더라도 한 가지 요인에 의해서만 맛을 느끼지 않는다. 얼마나 다행인가 싶다.

예전에는 좋아했던 음식이 시간이 지나서는 심드렁해지는 경우가 있다. 그 이유는 무엇일까? 입맛도 변하는 걸까? 과거에 비해 맛있고 귀한 음식이 너무 흔해진 게 가장 주된 이유겠지만 다른 이유도 있다. 미각 변화에 영향을 주는 생물학적이고 환경적인 것 외에도 심리적인 부분도 있는 것 같다. 왜냐하면 우리는 맛을 미뢰로만 감지하지 않기 때문이다.

　우리는 눈으로도 맛보고 마음으로도 맛본다. 그래서 누구와 음식을 먹느냐에 따라 그 맛이 달라지기도 한다. 향기로운 사람과 식사를 한다면 그 음식은 달콤함으로 가득찰 것이다.

## 마음의 소리에
## 귀를 열어봐

고집이 세지기 시작하는 나이 오십. 그만큼 잘 살아왔다고 자부하기 때문일까? 50여 년의 시간, 나름 옳다고 생각하는 것과 바람직한 행동을 지키며 살아왔을 것이다. 그 50년의 시간 동안 수많은 사람들과 상호작용을 하며 얻은 경험이 있을 것이다.

어린아이들은 자신이 독립된 존재라는 것을 알고 나면 그때부터 고집이 생긴다. 하고 싶은 것이 생기고 주변에서 하는 말을 안 듣기 시작한다. 전문가들은 이 시기를 '자아가 생기기 시작한 시기'라고 이야기한다.

독립성은 사춘기 때 다시 한번 두드러진다. 청소년기가 되면 추상적, 논리적, 가설적인 사고가 가능해진다. 그러면서 미래에 대한 생각들이 채워지고 독립적인 성인이 되기 위한 준비를 한다. 이때 부모와 충돌이 생긴다.

인생에서 또 다른 고집이 생기는 시기가 바로 중년기가 지나면서다. 이는 그동안의 경험이 확고한 신념의 근거가 되기 때문이다. 그러면서 타인의 이야기에 귀를 기울이지 않는다.

나이가 들면서 청력에 문제가 생기기도 한다. 달팽이관 신경세포의 퇴행성 변화 때문이다. 청력 손실은 노화의 일부다. 언제 생기는지, 어느 정도로 진행되는지는 유전적 요인과 환경적 요인의 영향을 받는다.

놀랍게도 연령에 따른 청력 감소는 어느 날 갑자기 생기는 질환이 아니다. 30대 정도에 시작해서 계속 진행된다. 그러다가 실제로 잘 안 들린다고 느끼는 때는 50~60대 정도다. 50세가 넘어가면서 질병, 퇴행성 변화 등의 요인으로 사람의 말소리뿐 아니라 소리의 감지 능력이 떨어진다. 중요한 것은 약물로 호전되는 부분이 아니라는 것이다.

실제로 노인성 난청이 진단되는 시기는 65세 이상이다. 양쪽 귀에 감각신경에서의 난청이 비슷한 수준으로 있고, 귀 질환이나 소음 노출 등 청력이 약화될 수 있는 병력이 없는 경우에 내려진다. 실제로 난청이 있는 환자에게서 이독성 약물, 생활 속

소음 노출, 전신 질환을 포함한 귀의 질환, 유전적 요인 등을 명확히 확인할 수는 없었다.

청력 손상은 생활에 방해가 되고 의사소통에도 지장을 준다. 우리가 잘 안 들린다고 인지하는 상황은 청력 손실이 어느 정도 진행된 다음이다. 명확하게 잘 듣지 못하면 사회적으로 고립되어 외로움과 우울감을 느끼기 쉽고, 전반적인 사회적 활동이 위축되어 삶의 질 또한 떨어진다. 무엇보다도 청력은 한번 손상되면 회복하기가 어렵다.

성인발달이론가 폴 발테스(Paul Baltes)는 나름의 방식으로 노화에 잘 대응할 수 있다고 주장했다. 그는 '보상과 선택의 최적화 이론'을 제시했다.

선택·최적화·보상 모델은 우리가 잘하거나 우리에게 중요한 목표들을 선택해 집중한다면, 훌륭하게 나이 들고 잘 적응해갈 수 있다는 것이다. 무엇보다 훈련이나 교육을 통해 자기가 선택한 과제들을 최적화하고자 한다면, 이를 통해 부족한 부분을 최대한 보상할 수 있다는 것이다. 이는 청력이 손상되었을 때 보청기를 사용해서 일상생활을 유지하는 것과 같다. 그의 이론을 피아니스트 아르투르 루빈슈타인(Artur Rubinstein)에 빗대어볼 수 있다.

루빈슈타인은 나이가 들면서 손가락 움직이는 기술이 떨어지자 빠른 곡 연주를 포기했다. 대신에 다른 곡들을 집중적으로 연습했다. 그리고 곡들을 전체적으로 조금 느리게 연주해 속도 변화를 전체적으로 고르게 해서 좋은 평을 받았다. 나이가 들어 기능이 떨어져도 다른 장점으로 이를 상쇄시킬 수 있음을 보여준 사례다.

한 노 교수는 보청기가 없으면 이야기를 듣기가 힘들었다. 그가 느끼는 어려움 중의 하나는 전화를 할 때다. 전화는 상대방의 입모양을 볼 수 없어서 소리를 듣는 게 제한적이다. 그와 전화통화를 할 때면 추상적인 인사를 한다. 나름의 방식으로 전화통화를 이어가고 구체적인 사항은 대면으로 확인한다는 걸 알게 되었다. 이런 모습을 보면서 '사회활동을 본인만의 적응 방식으로 아주 멋지게 하고 계시구나' 하는 생각이 들었다.

그런데 어떤 때는 일부러 보청기를 안 끼기도 했다. 이야기하고 싶지 않은 사람을 만날 일이 있으면 일부러 보청기를 안 한다고 웃으며 말했다. 그렇다. 때로는 듣기 싫은 소리를 듣지 않고, 듣고 싶은 소리만 들으려 하며 일상을 살아간다.

지금 이 순간, 내 귀에 들리는 소리에 집중해보라. 음악 소리에 집중하다 보면 다른 소리는 흘러가버린다. 지금 내 귀에 어떤 소리가 들리는가? 에어컨의 웅웅거리는 소리가 들리기도 하고, 창밖에서 새가 지저귀는 소리가 들리기도 한다. 얼마나 많은 소리가 공존하고 있는지 느낄 것이다.

　우리가 나이 들어가면서 굳이 듣지 않아도 알게 되는 것들이 있다. 그래서 더 귀를 닫는 게 아닌지 모르겠다. 이런 생각이 들 때, 잠시 하던 일을 멈추고 귀를 기울여보라. 들리지 않은 것들이 들릴 수 있다. 혹시 아는가? 사람들의 마음의 소리를 듣게 될지도.

# 마음의 눈으로
# 향기를 맡다

우리 몸에는 후각을 담당하는 감각 시스템이 있다. 비강에 위치한 신경 및 감각수용체의 복잡한 네트워크로 구성되어 있다. 우리는 하루에 약 2만 5천 번 숨을 쉬고, 12세제곱미터 이상의 공기를 들이마셔 폐로 보내며, 숨을 쉴 때마다 수백만 개의 냄새 입자가 코로 들어간다. 숨을 들이쉴 때 공기 중의 분자가 비강으로 들어가 후각수용체와 접촉한다. 이 수용체는 신호를 처리하고 특정 냄새로 해석하는 뇌의 후각 망울에 신호를 보내는 특수 신경 세포다.

안타깝게도 우리는 냄새를 의식해서 맡는 법을 잊고 산다. 냄새를 맡을 수 없는 사람은 후각을 잃는 동시에 삶의 질이 급격히 떨어진다. 반대로 후각을 의식하며 살면 삶의 질을 높일 수 있다. 그중 하나가 향기다.

5가지 기본 맛(단맛, 짠맛, 신맛, 쓴맛, 감칠맛)을 감지할 수 있는 미각과 달리, 우리의 후각은 수천 가지의 냄새를 감지할 수 있다. 이는 후각 시스템이 광범위한 분자 구조를 인식할 수 있기 때문에 가능한 것이다.

냄새와 맛은 밀접하게 관련되어 있다. 둘 다 특정 분자의 감지를 포함하기 때문이다. 그러나 미각은 타액에 용해되어 혀의 미각 수용체와 접촉하는 분자의 감지로 제한되는 반면에 냄새는 공기 중의 분자를 감지할 수 있으며 코를 통해 흡입한다.

나이가 들면 냄새에 대한 감각도 점차 낮아진다. 이때 향기의 종류에 따라 감퇴 수준이 다르다. 후각은 일상생활과 사회적 관계에 중요한 영향을 미친다. 냄새를 감지하는 능력은 60대까지는 거의 변화하지 않지만 일단 쇠퇴하기 시작하면 사람이나 향기의 종류 등에 따라 감퇴 정도가 다르게 나타난다.

냄새는 식사, 즐거운 생활, 위험한 상황으로부터의 안전 등과 관계있다. 그러므로 중년 이후의 후각 감퇴는 삶의 질에 부정적인 영향을 미칠 수 있다. 사회적 상호작용에도 영향을 주는데, 자신의 불쾌한 냄새를 감지하지 못한다면 주변 사람들과의 관계가 나빠질 수도 있다.

후각은 과거의 경험을 떠올리게도 하고 감정과도 관련이 있다. 이는 후각 시스템이 감정, 동기 부여 및 기억을 조절하는 뇌의 일부인 변연계와 밀접하게 연결되어 있어서다.

특정 냄새를 맡으면 그 냄새와 관련된 기억이나 감정이 촉발될 수 있다. 예를 들어 갓 구운 쿠키의 냄새가 어린 시절의 행복한 추억을 떠올리게 하거나 라벤더의 향기가 평온함과 휴식의 느낌을 불러일으킨다.

후각은 여러 가지 역할을 수행한다. 사람마다 고유한 냄새가 있다. 우리는 유전자에 새겨진 고유의 냄새, 이른바 후각 지문을 가지고 있다. 자주 샤워하고 향수를 뿌리거나 보디로션을 바른다고 해도 고유의 냄새는 있다.

전문가에 따르면, 한 개인의 체취를 특정 짓는 조직 형질은 주조직 적합성 복합체(MHC; Major Histocompatibility Complex) 속에 다발로 모여 있다고 한다. MHC 분자는 세포 표면에 항원을 제시해 면역계가 외부 침입자를 인식하고 제거할 수 있도록 돕는다. 새로운 병원체에 대한 면역 반응은 생존과 연결되어 있다.

연구자들에 따르면, 두 사람의 조직 형질이 서로 다를수록, 즉 유전적으로 큰 차이가 있을수록 상대방의 체취를 더 좋게 느낀다.

1995년 베른대학교의 클라우드 베데킨트(Claudia Wedekind)와 만프레드 밀린스키(Manfred Milinski)는 인생의 짝을 선택할 때 후각이 어느 정도 영향을 미치는지를 연구했다. 여성들은 자신의 냄새 프로필과 다른 남자의 티셔츠 냄새를 유난히 좋게 느꼈다. 이는 진화생물학적으로도 타당성이 있는 설명이다. 서로 다른 유전자들이 짝을 이룸으로써 새로운 면역체계가 섞일 때 후손의 건강이 좋아진다. 이는 진화론적으로 가치가 있기 때문이다.

우리는 냄새가 좋거나 자신의 냄새와 잘 어울리는 사람에게 끌린다. 우리는 '꽃'이라는 말에 '향기'라는 단어를 사용한다. 그렇지 않은 경우 '냄새'라는 말을 사용한다.

<u>스스로에게 묻고 싶다.</u> 사람이 향기롭다는 느낌이 들 때는 언제일까? 이때 향기는 코로 맡는 향기가 아니라 마음으로 맞이하는 향기다. 그 향기가 보이기 시작하는 마음의 눈은 우리 삶을 얼마나 더 풍요롭게 해줄까? 아울러 내 마음의 향기를 좋게 만들어보는 건 어떨까? 향기로운 사람은 생물적, 유전적 요인에 의해서가 아니라 마음이 고운 사람이 아닐까? 누군가에게 향기를 줄 수 있는 방법이 무엇인가를 고민해봐야 한다.

## 누구에게나 있는
## 마음의 꽃밭

30년 전에는 상상도 할 수 없었던 일들이 지금 일어나고 있다. 그런데 변하지 않는 게 있다. 나이가 들수록 꽃을 찍는 것을 좋아한다는 사실이다. 옛날 부모님들은 관광버스를 타고 여행을 갈 때면 꽃밭을 배경으로 단체사진을 찍으셨다. 왜 그랬을까? 촌스러운 포즈로 꽃을 두고 찍은 사진을 볼 때면 미소가 번진다.

많은 사람들이 SNS를 한다. 이때 사용자의 나이가 많고 적음을 알 수 있는 게 바로 프로필 사진이다. 나이가 많을수록 프로필 사진에 꽃 사진이 올라와 있다. 재미있는 것은 꽃 사진이 남녀 불문이라는 점이다.

아침이면 단체 채팅방에 꽃 그림과 좋은 글귀를 담은 이미지가 어김없이 올라온다. 마치 아침을 시작하는 알림처럼 매일 올라온다. 최근에 은퇴한 사람이 있다. 그는 아침 산책길에 피어 있는 꽃을 찍어서 올린다. 산책길이 매일 조금씩 다르고, 계절에 따라 피는 꽃도 달라서 사진을 보는 재미가 있다.

나는 사진과 글귀를 보면서 이런 생각이 들 때가 있다. '아름다운 꽃을 찍어서 즐거운 마음을 나누는데, 나는 언제가 꽃이었을까?'

사람은 그 자체로도 아름답다. 나에게 꽃 같은 아름다운 순간은 언제였을까? 내 마음의 꽃밭은 어디일까? 어느 시기가 될 수도 있고 어떤 상황이 될 수도 있다.

지금 무엇을 하면 가장 즐거운 상태가 될까? 이 순간, 나를 잊어버릴 만큼 혼을 쏙 빼놓는 것은 무엇일까? 가장 아름다워 보이고, 가장 향기로워 보이고, 가장 산들거릴 것 같은 시간은 언제일까? 언제가 가장 꽃 같은 순간이었을까?

예전에 몇몇 어르신을 대상으로 인터뷰를 한 적이 있다. 이들은 70~80대의 연세였다. 나는 "인생을 되돌아봤을 때 언제가 가장 좋은 시절이었나요?"라고 물었다. 만약 우리가 그 시기로 돌아갈 수 있다면 언제로 가고 싶냐는 질문이었다. 어르신이기에 '젊은 시절에 대한 향수가 있지 않을까' 하는 생각에서 던진 질문이었다. 그리고 어떤 점 때문에 돌아가고 싶은지, 그 이유도 물어보았다.

그런데 의외의 대답이 나왔다. 인터뷰에 응했던 어르신 모두 "지금이 좋다"라고 하셨다. 지금이 평화롭고 안정적이라 충분히 좋다는 것이었다.

주변 사람들에게도 물어보았다. "언제가 가장 꽃 같은 시기였나요?" 어떤 이는 아이들이 어렸을 때를 생각하면 자기도 모르게 미소가 지어진다고 했다. 큰아이는 걷고 작은아이는 유모차에 태워서 남편이 퇴근하는 시간에 맞춰 산책을 나갔던 때가 기억난다는 것이다. 아장아장 걷는 큰아이를 보며 '어느새 이렇게 자라서 걷는구나'라는 생각이 들었다고 했다.

골고루 먹이려고 오므라이스 위에 케첩으로 그림도 그리고, 볶음밥을 별 모양으로 만들어주었던 그 시절이 좋았다고 했다. 그래서였을까? 이제 성인이 된 아이들이지만 지금도 엄마표 오므라이스를 좋아한다고 했다.

그녀는 그때만 해도 공부를 하던 중이라 미래에 대한 불안과 논문을 써야 하는 부담이 있었다. 그럼에도 아이들과 행복한 시절을 보낼 수 있어서 참으로 좋았고, 지금도 그때의 기억이 난다고 했다.

어르신들이 하는 말씀 중에 "아이들이 어렸을 때 재롱 피우는 모습이 부모에게 할 수 있는 효도다"라는 말이 있다. 아이들의 어렸을 때는 걷는 모습만 봐도 즐겁고 신기하고 행복했다. 그녀에게 그 시절은 더없이 아름다운 꽃이었겠다는 생각이 든다.

이제 자신에게 물어보자. 그리고 내 삶을 그려보자. 노트와 펜이 필요하다. 좋아하는 음악을 준비하고 차를 한 모금 마신 뒤, 테이블 앞에 앉아보자. 그러고는 다음의 표를 참고해서 그려보자.

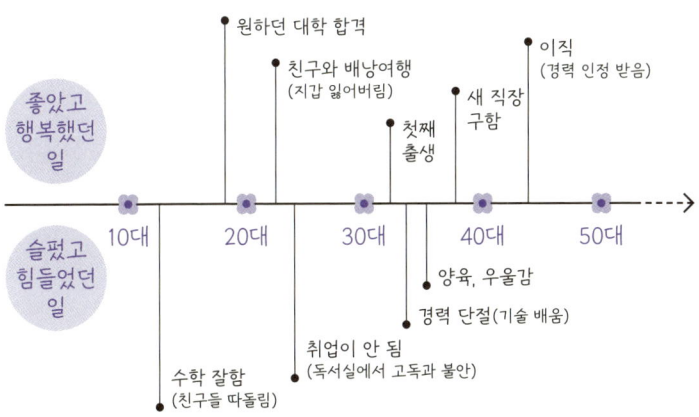

각 시기별로 꽃 같은 경험을 했을 때를 표시해보자. 그리고 그것이 무엇이었는지를 그 옆에 간단히 적어보자. 무엇이 내 삶을 즐겁게 했는지, 누구와 함께 그 경험을 했는지, 그때 내 마음은 어떠했는지, 그때 방해가 되었거나 걸림돌이 있었다면 무엇

이었는지 생각해보자.

구소련의 예술학자 블라디미르 프리체(Vladimir Friche)는 이렇게 말했다. "'인생'이라는 학교에는 '불행'이라는 훌륭한 스승이 있다. 우리는 그 스승 덕분에 더욱 단련된다." 인생에서 절망스러운 일이 없는 매 순간이 꽃이지 않았을까?

# 나의 미해결 과제를
# 찾고 채우다

대부분의 드라마와 영화에서는 주인공이 무언가를 이루려고 하고, 이를 위해 분투하는 과정이 나온다. 그러고는 결국 목표를 이루며 마무리한다. 많은 사람들이 마치 내가 주인공인 것처럼 그 경험을 같이하고, 같이 슬퍼하면서 카타르시스를 느낀다. 미해결된 과제를 해결하면서 심리적 안녕을 얻는 것이다.

게슈탈트 이론에 따르면, 사람은 통합적으로 자신을 이해하고 수용하며 심리적 안녕감을 경험하고자 한다. 그런데 미해결된 부분이 있으면 이 부분은 통합적으로 수용되지 못하고 계속 남아 있게 된다. 지속적으로 삶에 영향을 미친다는 것이다.

어떤 이는 어머니한테 사랑과 관심을 충분히 못 받았다고 느꼈다. 그래서 어머니가 돌아가시기 전에 그동안의 상처에 대해 이야기했다. 자신이 얼마나 속상했는지, 얼마나 움츠리고 살아왔는지 이야기했고, 어머니는 이야기를 듣고는 그동안 몰랐다며 안아주었다. 지인은 위로를 충분히 받았고, 이후 어머니를 평안한 마음으로 보내드릴 수 있었다. 어머니의 처지가 이해되었다고도 했다.

이 경우는 잘 마무리된 사례다. 인생의 마지막 회를 평온하게 촬영한 것이다. 그런데 현실은 그렇지 못한 경우가 더 많은 듯하다. 속마음을 이야기했는데 "그때만 해도 다 그렇게 살았어. 뭘 그렇게 속상하게 생각해?"라는 말을 들으면 어떨까? '차라리 말을 하지 말걸'이라며 후회하지 않았을까?

속마음을 드러내서 이야기한 것은 잘한 일이다. 시도를 했으니까. 미리 짐작해서 단념하고 단정 짓는 태도는 옳지 않다. 시도조차 안 한 것과 같다. 삶은 나의 것이다. 내 마음을 표현하고 전달하는 마음 그 자체로도 소중하다. 그래야 내 삶을 온전하게 사는 것이다.

그는 어려서부터 부모님과 떨어져 조부모님과 살았다. 결혼 전에 직장 때문에 부모님과 잠시 살았다. 그가 부모님과 살았던 기억이 바로 이때였다. 그의 동생들은 모두 타지에서 살았다. 그래서 외동 같은 느낌으로 지냈다. 어머니는 아침마다 그를 토닥이며 깨워주었고, 먹고 싶은 반찬도 만들어주었다. 그리고 그가 좋아하는 과일을 항상 준비해주었다. 토닥토닥하면서 깨워주셨고, 먹고 싶은 게 있으면 만들어주셨다. 외동의 느낌으로 컸던 시절이었다. 어렸을 때 경험해보지 못해서 미해결 상태로 남아 있던 삶의 한 부분이 채워졌던 시기였다.

무엇인가 완성되지 않은 상태라면 직장에서 일을 할 때도 지속적으로 영향을 미치게 된다. 내가 의식하지 못하는 상태로 말이다. 때로는 항상 허전한 상태로, 때로는 끊임없이 사랑을 받으려고 하는 방식으로, 또는 사람을 믿지 못하고 의심하면서 긴장하고 불안해하면서 살아갈 수 있다.

게슈탈트 심리학에서는 "사람들은 자신이 보는 것을 조직하려는 기본 경향성이 있으며, 전체는 부분의 합 이상이다"라고 주장한다. 게슈탈트 이론의 주요 개념은 게슈탈트, 전경과 배경, 미해결 과제 등이다. 여기에서 '건강한 삶'이란 분명하고 강한 게슈탈트를 형성할 수 있는 능력과 같다고 보았다.

또한 개체가 게슈탈트를 형성해서 지각하는 것을 전경과 배경의 관계로 설명한다. 게슈탈트를 형성한다는 것은 어느 한순간에 가장 중요한 욕구나 감정을 전경으로 떠올리는 것이다.

예를 들어 배가 고프다는 것은 그 순간에 배고픔이 전경으로 떠오르고, 그때 하던 다른 일이 배경으로 사라진다는 것이다. 이와 같이 관심의 초점이 되는 부분을 전경이라 하고, 관심 밖에 놓여 있는 부분을 배경이라고 한다.

게슈탈트 치료는 알아차림과 에너지 사이의 상호 관계에 중점을 둔다. 게슈탈트 치료자는 알아차림에 초점을 둔 '실험'을 제안해, 내담자가 에너지의 차단으로부터 정신적·정서적·육체적으로 자유로워지려는 노력을 할 수 있게끔 도와준다.

게슈탈트 치료에서는 내담자가 언어적 표현과 비언어적 표현, 감정과 행동, 사고와 감정 간에 모순을 자각하도록 직면 기법을 사용한다.

게슈탈트 기법은 내담자가 자기 경험의 전체와 접촉할 수 있도록 하는 경험적인 활동들이다. 이처럼 게슈탈트 치료는 내담자가 생각하고 있는 것을 말하도록 하는 게 아니라, 관찰 가능한 행동으로 접근하도록 한다.

게슈탈트 치료자는 내담자가 알아차리지 못하는 전(全) 인간(신체적 움직임, 정서적 일치, 언어)에 주의를 모은다. 내담자에게는 무엇을 느끼는지, 무엇을 원하는지, 무엇을 하고 있는지에 주의를 기울이도록 한다. 이와 같은 게슈탈트 심리치료의 주요 목표는 알아차림과 접촉의 증진, 통합, 자립과 책임감 증진, 성장 및 실존적 삶을 살게 하는 데 있다.

게슈탈트 치료의 목적을 하나만 꼽으라 한다면 알아차림의 증진이다. 자신의 욕구와 감정을 정확하게 알아차려야 환경과의 접촉을 통해 해소할 수 있다. 내담자가 현재의 순간을 충분히 경험할 수 있도록 하고, 그들이 생각하고 느끼고 행하는 것을 충분히 알아차리도록 도와주는 일은 매우 중요하다. 즉 나에게 미해결 과제가 있을 경우, 지금 현재의 환경과의 접촉(상호작용)을 못하게 하고 지속적으로 사회적 관계와 활동에 부정적으로 작용을 하게 된다. 알아차림을 통해 미해결 과제를 해결함으로써 지금 현재에서의 접촉이 가능해진다는 것이다.

게슈탈트 치료적 접근을 제안한 프리츠 펄스(Fritz Perls)는 인간을 환경과의 접촉 속에서 끊임없이 변화하고 성장할 수 있는 존재로 보고 있다. 우리는 세상과의 접촉 속에서 나에게 남아 있는 미해결 과제가 무엇인지를 탐색해야 한다. 탐색을 통해서 비해결을 해결로 변화시킬 때, 미래의 시간을 좀 더 만족스럽게 영위할 수 있다.

그러면 어떻게 접촉을 할 수 있을까? 알아차림을 위한 몇 가지를 시도해보자. 지금 이 순간에 내 눈에 보이는 것이 어떤 것들인지 5가지만 이야기해보자. 그리고 지금, 노란색으로 보이는 것 5가지를 찾아보자. 이어서 빨간색으로 보이는 것도 찾아보자. 만약에 의자에 앉아 있다면 의자의 질감이 어떤지, 손이나 다리에 닿는 느낌이 어떤지 집중해보자. 앉아 있는 자세에 집중해봐도 좋다.

길을 걷고 있다면 지금 어떤 소리가 들리는지 소리에 집중해보자. 그리고 어떤 소리가 들리는지 5가지를 찾아보자. 그 소리의 질감이 어떠한지, 크기는 어떻게 변화하는지도 이야기해보자. 산책을 하고 있다면 주변에 들리는 소리에 집중해보자. 공원이라면 새소리도 들릴 것이고, 아이들이 노는 소리도 들릴 것이다. 그 소리의 특징이 어떠한지 귀로 듣는 알아차림을 한번 시도해보자.

한편 나의 몸 상태를 점검해보는 것도 중요하다. 크게 숨을 쉬면서 공기가 폐로 들어왔다가 온몸으로 퍼져나가는지 느껴보자. 어깨와 손, 허리, 다리가 어떤 자세인지도 알아차려보자. 몸의 어떤 부위가 저린지, 결리거나 간지러운 곳은 없는지도 알아차려보자. 내 몸에 온전히 집중해보는 시간이다. 몸에 집중할수록 몸이 가벼워지는 것을 느낄 것이다. 그리고 내 몸을 잘 들여다보지 않았음을 깨달을 것이다. 내가 지금 어떤 생각을 하고 있는지, 어떤 내용에 초점을 두고 있는지, 나보다 가족이나 타인에게 집중하고 있는 것은 아닌지 알아차려보자.

이러한 과정을 거치면 지속적으로 떠오르는 생각들이 있다. 반복적으로 깨닫는 것들도 있다. 미해결 과제를 탐색하는 과정

PART 3
스스로 미해결 과제를 찾아서 채운다

에서 내 마음과 몸에 대해 더 잘 아는 기회가 될 것이다. 그리고 내 존재를 보살피는 순간을 맞이할 것이다.

## 때로는 선택권을
## 주는 것도 괜찮다

한 씨는 젊었을 때 손해 보고 싶지 않아 했다. 그래서 식사를 하러 갈 때도 미리 검색해보거나 맛있다고 소문난 곳을 찾아갔다. 물건을 하나 살 때도 여러 곳을 비교해보고 가장 저렴한 곳에서 구입했다.

    고등학교 수학여행을 앞두고 옷을 사러 다녔을 때 일이다. 그녀는 매장 곳곳을 다니며 옷을 비교해보고 가격도 꼼꼼하게 따져서 구매했다. 같이 쇼핑하던 어머니가 딸의 모습을 보고는 고개를 절레절레 흔들 정도였다고 한다. 대학생 때도 마찬가지였다. 돈 계산이 철저해서 친구들과 여행을 갈 때면 총무 역할을 도맡았다. 여행을 마치고는 경비를 꼼꼼하게 작성해서 정산하기도 했다. 어떤 때는 공동 비용을 정산하고 보니 잔액이 130원이 남았다. 지출 계획을 미리 꼼꼼하게 세운 그녀 덕분이었다.

직장인이 되어서도 그녀의 성향은 그대로였다. 해외여행을 갈 때도 미리 여행사를 비교하고 호텔 후기는 어떠한지, 만일의 일에 대비해 계획을 세우는 등 꼼꼼하게 준비했다.

그녀의 준비성에 친구들은 입이 떡 벌어졌다. 그녀는 그렇게 하는 게 잘하는 것이라고 여겼다. 업무를 할 때도 여러 사항들을 다각적이고도 세심하게 준비했다. 친구는 물론이고 직장 동료들도 그녀의 준비성을 칭찬했다.

그녀는 꼼꼼하게 계획을 세우고 준비하는 자신이 배려 있고 친절한 사람이라고 생각했다. 그런데 나는 조금 다른 생각이다. 그녀는 그렇게 행동하면서 세상을 통제하려고 했던 것 같다. 본인이 귀찮거나 힘들지언정 이를 감수하더라도 주변 사람들을 위해 행동하는 것이 그녀의 행복인 것 같았다.

내가 열심히 최선을 다한다고 해서 모든 일이 잘 풀리는 것은 아니다. 이게 인생이다. 적어도 그녀가 정신과를 찾기 전까지는 그렇게 생각하고 행동했다. 그런데 그녀는 꼼꼼하고 통제하려는 성향 때문에 결국 탈이 났다.

사람들은 정도에 따라 다르지만 일정한 통제 욕구를 가지고 있다. 통제하려는 대상이 사람일 수도 있고 특정한 물건일 수도 있다. 통제 행위를 통해서 자존감을 유지하고자 한다.

그런데 통제의 힘, 즉 '내가 세상을 변화시킬 수 있어' '내가 세상을 움직일 수 있어' '내가 주변 사람들에게 영향을 미치고 있어'라는 생각을 드러내지는 않더라도 내면에는 내 행동이 사람들에게 영향을 미칠 것이라고 생각하며 살아간다.

어떤 이는 친절을 베풂으로써, 어떤 이는 타인의 관심을 유도함으로써, 어떤 이는 남들은 생각하지 못한 세심한 부분까지 챙기면서 사람들에게 영향을 미치려고 한다. 이것이 바로 통제력의 힘이다.

세상을 통제할 수 있다는 것을 '통제의 소재'라고 한다. 사람들은 '내가 세상을 통제할 수 있다'고 생각하며 살아가기도 하지만, '나는 스스로 할 수 있는 게 아무것도 없어'라고 생각하며 살아가기도 한다.

내가 세상을 통제할 수 있다고 생각한다면 적극적이고 능동적인 대처를 한다. 반면에 환경이나 상황에 의해 내 행동이나 태도가 영향을 받는다고 생각한다면, 무엇인가를 하고자 할 때 시도하는 게 의미가 없다고 여긴다. 어차피 노력보다는 환경에 의해서 영향을 받을 것이라고 생각해서 수동적으로 대처하게 된다. 전자를 일차통제, 후자를 이차통제라고 한다.

요양원에 계신 어르신들을 대상으로 진행된 흥미로운 연구가 있다. 매주 영화를 보는데 '어떤 요일에 영화를 볼 것인가'가 연구 주제였다. 한 집단에게는 요일과 시간을 정해주었고, 다른 한 집단에게는 원하는 요일과 시간을 물어본 뒤 이를 반영해서 정했다. 그 결과, 후자의 경우가 영화를 보고 난 후 반응이 긍정적이었다. 관련 연구자는 '내가 상황을 통제한다는 생각이 들었을 때 만족도가 훨씬 올라간다'라는 결과를 도출했다.

한 여성은 자기가 돈을 많이 버는 것도 아닌데 한 달 커피값으로 지출한 돈을 계산해보니 10만 원이 넘었다고 했다. 그런데도 프랜차이즈 카페를 끊을 수 없는 이유가 있었다. '아침 출근길에 마시는 커피가 내 입맛에 맞아서'가 그 이유였다. '조금 덜 달게' '휘핑크림을 조금 올려주세요'와 같이 내가 원하는 대로 시킬 수 있다는 게 장점이라고 했다. 그러면 기분이 좋아지고 위로를 받는 느낌이 든다고 했다. 일도 더 집중해서 할 수 있다고 했다.

내가 세상을 통제하며 잘 살아왔다고 생각하고 있었는데, 그렇지 않은 상황이 생기면 견디기 힘들어진다. 내가 없어지는 것 같은 생각이 들기도 한다. 그래서 우리는 친구에게 선택권을 줌으로써 친구를 더 즐겁게 해줄 수도 있다. "오늘 중국집 가자"라고 말할 게 아니라 "오늘 뭐 먹을까?"라고 물으면 자신에게 선택권을 준 것 같아서 더 즐거워진다.

  좋은 관계의 방식은 여러 가지다. 내가 직접 영향력을 행사하는 것도 좋지만 그 영향력을 시도하도록 타인에게 기회를 주는 것도 좋다.

# 곳간을 비우니
# 곳간이 채워진다

의료와 과학의 발달로 현대인은 더 건강하게 장수하고 있다. 그래서 지금의 50대는 과거의 50대가 아니다. 신체적으로도 과거의 50대보다 건강하고 더 활동적이며 심리적으로도 안정적이다. 따라서 지금 이 시기를 쇠퇴와 상실의 시대가 아닌 완성과 성숙의 시기라고 할 수 있다.

여러 가지 경험을 통해서 우리는 리더 혹은 책임자의 위치에 선다. 이 경험을 바탕으로 후학을 양성하기도 한다. 그러다 보니 50대는 경제적인 측면에서도 돈을 많이 버는 시기다. 그러나 생각해야 할 점이 있다. 인생에서 가장 많은 돈을 써야 하는 시기이기도 하다는 것이다. 이 때문에 '새로운 일터를 찾아야 하는지' '노후를 어떻게 보내야 하는지' 등을 고민할 수밖에 없다.

50대는 과거의 삶을 바탕으로 미래의 삶을 계획하는 시기다. 지금까지의 시간이 나에게 집중한 시간이었다면, 50대는 삶의 과정을 바탕으로 앞으로의 삶을 계획하는 시기이다. 지금까지의 시간이 나를 위한 시간이었다면, 앞으로의 시간은 다른 사람에게 초점을 맞추는 시간이었으면 좋겠다.

심리학자 아들러는 생을 영위하는 근거가 되는 기본 전제와 가정을 '생활양식'이라고 했다. 생활양식은 4~5세 때 형성되며 이 시기가 지나면 개인의 생활양식은 거의 변하지 않는다.

사람들은 독특한 생활양식을 새로운 방식으로 표현하는 법을 배우는데, 이는 어렸을 때 정착된 기본 주조의 확대라고 본다. 인생 초기에 형성된 생활양식은 계속 유지되어 이후의 행동 방식 뼈대를 이룬다. 개인의 독특한 생활양식은 그가 생각하고 느끼고 행하는 모든 것의 기반이 된다. 일단 생활양식이 형성되면 이는 외부 세계에 대한 전반적인 태도를 결정하고, 기본 성격 구조를 일생에 걸쳐 일관성 있게 유지하게 한다.

생활양식은 사회적 관심과 활동 수준으로 구분되는 이차원적 모형으로, 사회적 관심은 인간 각 개인에 대한 공감을 말하고 이는 개인의 이익보다 사회 발전을 위해 다른 사람과 협력하는 것을 뜻한다. 이런 측면에서 사회적 관심은 심리적 성숙의 기준이 되고 이기적인 것의 반대편에 존재하게 된다.

활동 수준은 인생 문제를 다루는 데 있어서 개인이 보이는 에너지의 양이며, 보통 이럴 때 형성된다. 아주 무기력하고 우유부단한 사람부터 끊임없이 활동하는 사람까지 다양하다. 활동 수준이 건설적으로 되는지 파괴적으로 되는지의 여부는 사회적 관심과 결합될 때 결정된다.

아들러의 입장을 잘 생각해보면 이제는 사회적인 관심을 기울일 때다. '사회적'이라고 해서 사회활동가가 돼라는 의미는 아니다. 가깝게는 내 가족과 친구, 그리고 이웃에 관심을 갖고 그들의 삶에 인간적인 관심을 가져보라는 뜻이다. 이 과정에서 구성원을 위한 활동을 하면 내 삶은 더 충만해지고 더 채워진다.

인생은 3단계를 거친다. 배우는 시기, 버는 시기, 그리고 돌려주는 시기다. 나는 지금 어느 단계에 있을까? 그동안 배웠던 것을 토대로 사회 구성원 역할에 충실했다면 자신의 분야에서 어느 정도의 위치와 역할을 하고 있을 것이고, 후배들을 위해 이를 베풀어야 하는 시기가 오고 있을 것이다. 유형의 것이든 무형의 것이든 베풂은 가치 있는 일이다. 타인을 위해 내 시간과 노력과 에너지를 쓰는 과정은 나의 것이 비워지는 것이 아니라, 삶에 대한 행복감과 충만감으로 채워지는 과정이다.

# 모든 게 다
# 생각하기 나름이에요

　심리학자 엘리스는 사람들이 정서적인 문제를 왜 겪는지 그 이유를 살펴보았다. '일상생활에서 겪는 구체적인 사건 때문이 아니라, 비합리적 신념에 따라 그 사건을 비합리적인 방식으로 지각하고 받아들이기 때문'이라고 보았다. 즉 인간은 객관적 사실 때문에 혼란스러워하는 게 아니라, 그 사실에 대한 자신의 관점 때문에 혼란스러워한다는 것이다.

　인간은 합리적이면서도 동시에 비합리적인 신념을 만들어내는 존재다. 즉 인간은 자기보존, 행복, 사고와 언어, 사랑, 다른 사람과의 대화, 성장과 자기실현 등이 올바른 경향을 가지고 있음과 동시에 자기 파괴, 사고 회피, 게으름, 끝없는 실수 반복, 미신, 인내심 부족, 완벽주의와 자기비난, 성장 잠재력의 실현 회피 등의 경향도 가지고 있다는 것이다.

인간이라면 누구나 생각하고 행동하고 정서적 느낌을 체험하는 능력이 있다. 이 중에서 인간의 사고는 정서와 행동에 결정적인 영향을 미친다. 인간의 불안이나 우울, 열등감, 시기, 질투 등의 정서적 반응은 주로 개인의 신념체계에 따라 발생한다. 즉 인간은 객관적 사실 때문에 혼란스러워하는 것이 아니라, 그 사실에 대한 자신의 관점 때문에 혼란스러워한다.

엘리스는 인간의 사고는 정서와 행동에 결정적인 영향을 미친다고 보았다. 특정 사건을 자신이 가지고 있는 비합리적인 사고 방법으로 해석하기 때문에 정서적 문제를 경험한다는 것이다. 사람들은 이러한 비합리적인 신념을 스스로 계속 되뇌고 확인함으로써 느끼지 않아도 될 불쾌한 정서를 만들어내고 유지한다는 것이다.

비합리적 생각들은 다음과 같다.

첫째, 나는 내가 만나는 모든 사람에게 사랑이나 인정을 받아야 한다. 둘째, 나는 완벽할 정도로 유능하고 합리적이며 가치 있고 성공한 사람으로 인식되어야 한다. 셋째, 나쁘고 사악하며 악랄한 사람은 비난과 벌을 받아 마땅하다. 넷째, 내가 원하는 대로 일이 되지 않는 것은 내 인생에서 큰 실패를 의미한다. 다섯째, 불행은 내가 통제할 수 없는 상황에 의해 발생한다. 여섯째, 위험하거나 두려운 일이 내게 일어나 큰 해를 끼칠 것이 항상 걱정된다. 일곱째, 어떤 난관이나 책임은 부딪혀서 해결하기보다는 피하는 게 더 쉽다. 여덟째, 나는 다른 사람에게 어느 정도는 의존해야 하며, 나를 돌봐줄 수 있는 사람이 주위에 있어야 한다. 아홉째, 과거의 영향은 결코 사라지지 않으며 과거의 경험과 사건은 현재 내 행동을 결정한다. 열째, 나는 다른 사람의 문제나 고통을 나 자신의 일처럼 아파해야 한다. 열한째, 모든 문제에는 완벽한 해결책이 있으므로 그 해결책을 찾아야 한다. 그렇지 않으면 결국 큰 혼란에 빠질 것이다.

'나는 절대로 실수를 해서는 안 된다'라고 생각하는 사람에게는 그 당위성을 반박하거나 '실수를 해서는 안 되는 이유는 무엇인지, 왜 그런 생각을 하게 되었는지, 실수가 왜 그렇게 끔찍한 일인지, 실수를 해서 일어나는 상황이 절망적으로 나쁜 상황인지' 등 자신에게 계속 되묻게끔 도와주는 것이 좋다. 이를 통해 심리적 장애가 사건이나 상황 때문이 아니라, 이 사건에 대한 자신의 비합리적인 신념 때문에 일어난다는 것을 깨닫게 해준다.

'반드시 ~해야 한다' '당연히 ~해야만 한다'라는 당위적 생각을 많이 가질수록 심리적 장애를 더 많이 경험할 수 있다. 그러니 '만약 ~했으면 좋겠다' '그렇게 된다면 조금 ~할 수도 있다' 라는 말로 대체할 수 있도록 도와주자. 당위적인 의미의 말을 선호와 소망으로 바꿈으로써 '이를 충족하지 않아도 큰 문제가 생기지 않는다'라는 것을 깨우치도록 하자.

# 농익은 울림의
# 톤을 맞추다

한 지인이 친정집에 청소를 하러 갔다. 부모님이 알츠하이머병을 앓고 있었기 때문이다. 그래서 주말이면 부모님을 보살피러 친정집에 간다. 그러다가 부모님 집을 완전히 정리한 것은 아버지가 돌아가시고 난 이후였다. 어머니를 요양원에 모시면서 어머니가 다시 집으로 돌아올 가능성이 적어졌기 때문이다.

  그녀는 친정집에 가는 시간을 '부모님의 흔적을 하나씩 살펴보고 정리하면서 부모님의 젊은 시절을 되돌아보는 시간'이라고 했다. 주방의 오래된 그릇들을 정리하고 냉장고에 있던 묵은 음식들을 정리하면서 아련한 기억이 떠올랐다고 했다.

장독대를 정리하기도 했다. 버릴 것과 다른 사람에게 줄 것들을 정리하면서 한 번도 열어보지 못한 된장과 고추장을 발견했다. 너무나도 깔끔하게 정리된 음식들을 보면서 '이제는 어머니가 만드신 된장과 고추장을 맛볼 수 없겠구나'라는 생각이 들어 아쉬웠다고 했다.

어쩌면 집에서 손수 만든 음식들을 맛볼 수 있는 세대가 지금의 50대 아닐까? 세월이 흐르고 문화가 달라지는, 빠르게 소용돌이치는 세상에서 50대가 마지막 세대일 것 같다. 이 사실이 옳은지 그른지 평가하는 게 아니라, 빠른 변화에 적응해야만 하는 세대가 50대이기도 하다.

식당에 가도 키오스크로 음식을 주문하고 밑반찬이나 그릇들을 로봇이 가져다주는 모습이 자연스러운 시대가 되었다. 사람이 옮겨주는 음식을 먹는 게 아니라 기계로 음식을 주문하고 로봇이 가져다주는 음식을 먹어야 하는 시대다. 이는 개인이 받아들여야 하는 변화다. 다만 기술의 변화가 우리에게 이롭기만 한 것인가는 생각해볼 문제다.

인간은 진화 과정에서 기능도 진화해 다음 세대로 전달해왔다. 우리가 볼 수 있는 행동과 눈에 보이지 않는 정서는 의미 있는 것이다. 인간의 상호작용을 통해서 배우는 것들 역시 앞으로 어떻게 달라질지가 사뭇 궁금하다.

변화하지 말아야 할 것들도 있다. 사람으로서 '익어가야' 하는 것들이다. 우리는 어떻게 잘 익어갈 수 있을까? 맛 좋은 간장이 만들어지기까지 적당량의 햇볕과 바람이 필요할 테고, 간장에 들어가는 재료들이 적절하게 배합되어야 할 것이다.

사람도 마찬가지다. 살아오면서 적당한 고난을 겪으며 문제를 극복하는 법을 배워야 하고, 사람을 대함에 있어서 어떻게 대해야 하는지 사람들을 어떻게 존중해야 하는지를 알아야 한다.

삶의 향기가 묵직해지도록 애써야 한다. 마음에 울림이 있어야 누구에게든 그 울림이 전달될 것이고, 그 누군가가 감동할 것이다. 오래된 된장의 농익은 맛, 오래된 간장의 달콤한 맛. 우리는 그렇게 나이 들어야 한다.

## 혹독한 겨울을 보내야만
## 봄꽃을 피운다

겨울이면 고민되는 게 하나 있다. 추운 날씨를 앞두고 화분을 따뜻한 곳에 들여놓아야 할지, 아니면 원래 있던 베란다에 두어야 할지 말이다.

친구 중에 식물 키우는 걸 좋아하는 친구가 있다. 친구는 너무 바쁜 나머지 겨울이 되어도 군자란을 집 안에 들여놓지 않고 베란다에 두었다. 그런데 다행히도 군자란은 봄이 되자 화려한 꽃을 피웠다. 친구는 안도의 마음과 다행스러운 마음이 들었다고 했다. 그러고는 한 가지를 깨달았다고 했다. 식물일지라도 때로는 겨울의 찬바람을 견뎌야 아름다운 꽃을 피울 수 있다는 걸

말이다.

식물은 참으로 신비하다. 어떻게 계절의 변화를 칼같이 알아채고 꽃을 피우는 걸까? 식물이 계절을 인식하는 방법은 무엇일까? 식물은 우리 인간처럼 달력을 들여다볼 재주는 없다. 다만 아주 민감한 환경 감지기를 가지고 있다. 그래서 봄, 여름, 가을, 겨울 사계절의 변화를 세밀하게 인지한다.

꽃피는 시기를 결정하는 가장 중요한 요인은 온도와 빛이다. 식물은 이 온도와 빛을 인지하는 감지기를 갖고 있다.

식물이 개화하는 시기는 생존과 진화의 측면에서 무척 중요하다. 너무 이르거나 너무 늦게 꽃이 피면 수분을 해주는 곤충과 타이밍이 맞지 않을 수 있다. 또는 기후 조건이 불리해져서 씨앗을 맺지 못할 수도 있다. 이 정교한 타이밍은 개화조절 유전자에 의해 조절된다. 개화조절 유전자는 식물이 꽃피우는 시기를 조절하는 유전자다. 이 유전자들은 식물이 언제 개화할지를 조절한다.

개화조절 유전자를 살펴보면, 식물이 어떻게 시간을 인식하는지를 알 수 있다. 이러한 이유로 중세 유럽 사람들은 식물을 '신의 시계'에 비유했다. 예를 들어 아침에만 피는 식물에게 '아침의 영광'이라는 이름을 붙였고, 밤에 피는 식물에게 '밤의 여왕'이라는 이름을 붙였다.

과학자들은 식물이 인식하는 시간을 연구하면서 식물의 현상이 내부 시계에 의해 조절된다는 것을 발견했다. 즉 개화조절 유전자는 식물의 시계와 밀접하게 연관되어 있다.

꽃피는 시기를 결정하는 환경 요인 중 하나가 겨울 저온이다. 많은 식물들이 겨울 저온을 거쳐야 다음 해 봄에 꽃을 피울 수 있다. 대표적인 예가 겨울종 밀과 보리다. 겨울종 밀은 온실에서 계속 있으면 꽃을 아예 피우지 못한다. 꽃이 피지 않으니 당연히 밀알을 얻지 못한다. 이 때문에 러시아에서 겨울종 밀에 대한 연구가 집중적으로 이루어졌다.

1920년대의 러시아 과학자들은 겨울 저온에 의한 개화유도 현상을 '춘화처리(작물의 개화를 유도하기 위해 생육 기간 중 일정 시기에 저온처리를 하는 것)'라고 명명했다. 그러고는 춘화처리가 필요 없는 여름종 밀과 비교해 한두 개의 유전자 작용이 필요하다는 사실을 밝혀냈다. 당시의 과학 기술로는 온도 감지기가 무엇인지 알아낼 도리가 없었고, 겨울 저온이라는 온도를 감지하는 능력이 식물에 있음을 알아낸 정도로만 성과를 얻은 것이다.

당시에는 이것도 대단한 성과였다. 이 발견은 구 소련의 식물 생리학자 트로핌 리센코(Trofim Lysenko) 박사를 일약 세계적인 과학자로 자리매김하게 만들었다. 겨울 저온이라는 환경 요인이 겨울종 밀의 생리적 상태를 근본적으로 변화시켜 꽃이 필 수 없던 식물을 꽃이 필 수 있게 만들었다는 사실, 이 사실이 인간 또한 사상적 개조를 통해 이상적인 인간형으로 변화시킬 수 있다는 공산주의 철학에 잘 맞아떨어졌기 때문이다.

그는 춘화처리 효과에서 얻은 자신의 경험을 무한으로 확장시켜서 모든 생명 현상이 적절한 환경 조건에 의해 개량될 수 있다는 패러다임을 전파할 수 있었다.

꽃피는 시기를 결정하는 환경 요인은 온도와 광주기다. 식물이 계절을 인식하게 만드는 또 다른 환경 요인으로 빛을 들 수 있다. 그중에서도 하루 중 낮의 길이, 즉 광주기가 매우 중요한 역할을 한다. 사실 사계절 중에서 규칙적으로 변화하는 것은 온도보다는 광주기에서 더 두드러진다.

봄에서 여름으로 넘어가면서 낮의 길이는 점점 더 길어지고, 가을에서 겨울로 접어들면서 낮의 길이는 점점 더 짧아진다. 식물은 이러한 규칙적 환경 변화를 꽃피는 시기를 결정하는 환경 신호로 이용한다.

대개 봄에 꽃을 피우는 식물은 고온장일(다른 날에 비해 온도가 높고 일조 시간이 12시간 이상인 날) 조건에서 꽃을 피운다. 적어도 늦봄에 꽃피는 식물은 그렇다. 그러나 이른 봄에 피는 꽃, 즉 풍년화, 매화, 개나리, 진달래 등은 저온단일 조건에서 꽃을 피운다. 즉 늦가을에 꽃봉오리를 만들고 새싹을 품은 겨울 눈과 함께 혹독한 겨울 추위를 고스란히 견뎌낸 후에야 다음 해 봄에 꽃을 피우는 것이다.

인고의 시간을 견뎌낸 다음에야 화려한 모습을 드러내는 이른 봄꽃들은 요즘처럼 어려운 시기를 살아가는 우리에게 희망을 주는 것 같다. 조금 슬프지만, 화려한 봄꽃을 피우기 위해서는 혹독한 겨울을 견뎌내야 한다.

# PART 4

## 물은 흘러야
## 썩지 않는다

# 응원만으로도
# 마음이 풍요로워지는 순간

그녀를 알게 된 것은 대학교에 다닐 때였다. 그녀는 오랫동안 그림을 그리던 친구였다. 평생 그림을 그리고 있으니, 그녀의 삶은 그림으로 채워져 있었다. 이따금씩 자기가 그린 그림을 내게 보여주었다. 나는 그림을 보면서 전시를 해보는 건 어떤지, 그림을 이용해서 소품을 만들어보는 건 어떤지 등을 제안했다. 그녀의 재능을 그냥 두기에는 아까워서였다.

그러던 그녀가 이제는 예순을 넘겼다. 할 수 있는 것들은 서서히 줄어들었다. 때로는 무기력하거나 때로는 의욕에 불타기도 했다. 생각은 많았지만 언제나 현실은 그대로였다. 다만 그녀의 손에는 항상 붓이 들려 있었다.

　자신의 삶을 조용히 들여다보면, 삶은 항상 어느 시점으로 되돌아온다는 것을 알 수 있다. 삶에 대한 가치에서도 그렇고, 생각하는 방식에서도 결국 어느 한 시점으로 돌아오게 된다.

　그녀의 마음에는 항상 측은지심이 들어 있다. 그녀 자신을 힘들게 하거나 해코지하는 사람에게는 화를 내고 때로는 싸우기도 하지만, 궁극적으로는 '오죽 힘들었으면 그랬을까'라는 생각으로 자기 마음을 다스렸다. 그래야 자기 마음이 편안해진다고 했다.

　그녀에게는 원칙이나 옳고 그름의 문제가 아니었다. '내가 마음을 접으면 모든 일이 해결된다'라는 생각이 그녀의 정의였다. 그래서 불편하지 않은 방식으로 관계를 유지하는 것이다. 그녀에게 회귀는 측은지심이다.

　이런 점을 보면 인간의 삶이나 수리적인 통계에서 설명하는 개념이 서로 떨어진 개념은 아니라는 생각이 든다. 통계에서도 '평균으로의 회귀'라는 말이 있다. 이는 극단적인 측정값들을 여러 번 시도하면 평균값에 가까워지는 경향을 말한다.

　예를 들어 시험에서 높은 점수를 받은 학생이 다음 시험에서는 다소 낮은 점수를 받을 가능성이 높고, 매우 낮은 점수를 받은 학생이 다음 시험에서는 더 높은 점수를 받을 가능성이 높다.

이는 첫 번째 시험의 점수가 극단적이었기 때문에 두 번째 시험에서는 점수가 평균에 더 가까워질 확률이 높아진다는 뜻이다. 수학적인 이론이 심리적인 면에서도 동일하게 적용되는 것이다. 우리가 생각하는 삶의 가치는 어느 시점으로 항상 돌아오는 회귀선이 있으니 말이다.

언제부턴가 나는 이러한 사람들을 응원하고 싶어졌다. 내가 해줄 수 있는 게 응원 말고는 없는 것 같았다. 그런데 어느 순간부터였을까? 내가 응원해주는 것이라 생각했는데, 정작 그녀한테서 내가 응원을 받고 있다는 사실을 깨달았다.

나를 괴롭히는 상대에게 화가 났을 때, 일이 잘 풀리지 않아서 좌절하고 있을 때, 나는 그녀를 찾았다. 그녀는 내 이야기를 들어주고 험담도 했다. 그러고 나면 나는 후련한 기분이 들었다. 정서적인 위로가 필요할 때면, 나는 그녀의 전화번호를 누른다.

나이가 들어간다는 것은 이런 친구 몇 명쯤은 있어야 한다고 생각한다. 외롭지 않고 소박한 풍요를 경험한다는 말로 생각된다. 서로 응원해주는 것만으로도 충분하지 않겠는가 말이다. 응원만으로도 힘이 되고 위로가 되고 마음에 여유가 만들어지므로. 그러니 생각해보자. 나는 어떤 사람에게 응원을 해주고 싶은지 말이다. 응원으로 회귀하는 것도 나의 마음을 풍요롭게 하는 좋은 방법인 것 같다.

# 작은 변화로
# 시간의 속도를 늦춰보라

나이가 들어가는 여성들에게 발견되는 공통점이 있다. 핸드백에 화장품이 들어 있는 게 아니라 건강보조식품이 잔뜩 들어 있다는 사실이다. 그리고 이들은 자신이 얼마나 나이가 들어가고 있는지를 이야기한다.

지난번 병원 갔을 때 혈당 수치가 높아서 새로 운동을 시작했다는 이야기, 혈압 수치가 올라서 어떤 음식을 먹었더니 효과가 좋았다며 추천하는 이야기. 마치 누가 건강보조식품을 많이 아느냐 대결하는 듯한 느낌이 든다. 혹은 누가 더 건강이 나쁜지 겨루는 것 같다.

어느 피부과가 진료를 잘 본다더라, 주름 시술은 어느 성형외과가 잘한다더라, 어느 병원은 너무 진료비가 비싸더라, 요즘 추세는 이 병원이 아니라 저 병원이더라 하는 이야기들이 줄줄이 이어진다. 간혹 이야기를 듣다 보면 피부과를 다닌 덕분에 꿀피부가 되었다는 등 어떤 시술을 했더니 훨씬 젊어 보인다는 등 자랑 아닌 자랑이다. 비록 힘은 들었지만 지금은 멋진 상황이라고 이야기한다.

한 지인이 부모님 댁에 갔을 때의 일이다. 마침 옆집 아저씨가 부모님 댁에 들렀다. 그래서 아버지와 이야기 나누는 모습을 보게 되었다. 이야기를 들어보니 보건소에서 치매 검사를 받았는데 지난번 검사 때보다 수치가 떨어지지 않았다는 내용이었다. 아직 기억력이 꽤 괜찮다며 인지 기능을 에둘러 자랑하셨다. 지인이 보기에는 별반 달라 보이지 않았는데 말이다.

신체는 시간이 지날수록 변화한다. 당연한 순리다. 그런데 이를 알아차리는 순간, 기분이 달갑지만은 않다. 그래서 건강보조식품을 검색하고 운동 기구를 뭘 살지 고민한다. 그러면서 스스로 위안한다.

나이가 먹어갈수록 시간의 변화를 더 빨리 체감하는 것 같다. '참 시간이 빠르다. 언제 이렇게 더워진 거야?'라는 이야기를 들을 때면 나뿐만 아니라 다른 사람들도 똑같이 생각하나 보다 싶다.

노화와 시간을 연구한 프랑스의 심리학자 폴 자네(Paul Janet)는 '자네의 법칙'을 제시했다. 이 법칙은 '심리적 시간은 연령에 반비례한다'는 것이다. 1세 아이가 체감하는 1년을 365일이라고 할 때 20세는 18.3일, 40세는 9.1일로 체감한다. 이 법칙에 따르면 50세의 1년이란 7.3일이고 80대에게 1년이란 4.6일에 불과하다.

뇌의 해마에는 시간을 계산하는 '시간 세포'가 있다. 외부에서 들어오는 정보량이 많을수록 시간이 천천히 지나는 것처럼 느낀다는 것이다. 반면에 스마트폰으로 웹서핑을 할때 뇌의 기능과 시간 세포가 둔해지기 때문에 머릿속에 남는 건 없고 순식간에 지나간다는 것이다.

시간이 느리게 흘러간다고 느끼려면 어떤 것이 필요할까? 새로운 장소로 여행을 가거나 외국어를 배우거나 자격증 시험을 준비하는 것이 좋다. 이 과정에서 뇌의 작용이 촉진되고 이 경험이 누적될수록 체감 시간도 길어진다.

예를 들어 일상에서 변화를 찾는다. 같은 길을 걷더라도 평소와 다른 사물이나 경치에 시선을 둬보는 것이다. 산책 코스를 매일 다르게 짜보는 것도 좋다. 퇴근길을 평소와 다르게 바꿔보는 것도 하루의 길이를 길게 느껴지도록 만들 수 있다.

# 외로움은 누군가가
# 채워주는 것이 아니다

　사람의 인연이란 참으로 신기하다. 부부의 인연, 친구의 인연이 그런 것 같다. 한 연구에 의하면 한국인의 대인관계는 여섯 단계만 거치면 다 연결된다고 했을 정도이니, 우리나라의 인연은 중요할 수밖에 없다.

　한 지인은 대학을 졸업한 지 30년이나 지나서 단체 채팅방을 만들었다. 대학 동창들을 연결고리로 한 채팅방이었다. 동창들은 순식간에 대학 시절로 돌아간 듯한 느낌이었다고 했다. 그동안 어떻게 지냈는지 안부를 묻느라 잠깐 동안 수백 개의 메시지들이 올라왔다. 그러면서 다들 잘 지내고 있어서 다행이고 건강하게 지내는 것 같아서 좋다고 했다. 그러고는 만남을 기약하기도 했다.

융은 50대에 이르면 자아가 드러나면서 성격적으로 건강한 상태가 된다고 주장했다. 남성은 자신의 '아니마'가 나오고 여성은 '아니무스'가 나오면서 다른 성의 심리적 속성을 이해하면서 양성적인 존재가 된다고 했다.

그래서였을까? 대학 친구들은 온라인에서 벗어나 직접 만나자고 했다. 지인은 성격이 내향적이라 모임에 나갈지 말지 고민이라고 했다. 그러면서 어떻게 하는 게 좋을지 내게 물어왔다. 친구라고 할지라도 사적인 이야기를 나누는 걸 부담스러워 하는 편이기 때문이다. 시간이 흘러 이야기를 들어보니 만남을 가졌다고 했다. 오랜만에 만난 친구들과 즐거운 시간을 보냈다는 이야기도 해주었다.

사람들과 왕성하게 교류해야만 행복한 것은 아니다. 사람들과의 만남이 적다고 해서 불행한 것도 아니다. 원하지 않는데도 의무적으로 사람을 만나면서 휘둘릴 필요도 없다. 다만 다양한 사람과 상호작용을 하든 소수의 사람과 관계를 하든 사람들과의 관계는 의미 있다.

나이가 들수록 또래와 적절한 관계를 유지할 필요는 있다. 그래서 준비가 필요하다. 심리학에서 대표적인 장기 연구인 그랜트 연구를 살펴보자. 이 연구는 성인 발달 연구로, 하버드 의과대학에서 수백 명의 백인 남성들을 대상으로 1938년부터 87년간 진행되었다. 그랜트 연구의 목표는 인생에서 어떤 변수가 건강한 노화를 결정하는지 알아보는 데 있다. 건강하게 장수하는 사람들의 특징을 조사한 연구로, 사람들과의 친밀한 관계가 중요하다는 결론을 도출했다.

한 지인은 대학 친구와 오랫동안 관계를 유지하고 있다. 자주는 아니더라도 주기적으로 만나고 여행도 한두 번 다녀왔다. 친구 각자 성향이 달라서 갈등이 생길 때도 있지만 나름의 방식으로 관계를 유지했다.

친구들과 여행을 가보니 건강에 좋다면서 아침에 삶은 달걀을 나눠주는 친구, 건조한 호텔방에 습도를 높이기 위해 젖은 수건을 머리맡에 놔주는 친구, 향긋한 커피를 준비해주는 친구들이 있었다. 적절한 거리를 유지하되 서로를 배려하는 좋은 친구 관계였다.

실존주의 측면에서 인간은 고독한 존재라고 한다. 그래서 사람들에게 외로움이 필연적으로 따라온다. 외로움에서 자유로워지는 순간이 바로 또래들과 상호작용을 할 때다.

집이든 식당이든 식사를 할 때면 김치는 물론이고 다양한 반찬들이 나온다. 몇몇의 음식들이 식사 시간을 풍요롭게 만든다.

이처럼 다양한 개성을 가진 친구들과 지속적으로 관계를 이어 나가는 것은 우리의 인생을 풍요롭게 한다.

특히 나이가 들수록 대인관계의 폭은 좁아진다. 그래서 고독을 느끼게 한다. 그러니 우리는 준비해야 한다. 심리적으로 편안하고 안정된 시간을 위해서는 준비가 필요하다.

한참 뒤에 들은 이야기가 있다. 앞서 살펴본 대학 친구를 만났다는 지인 이야기다. 그 지인은 단체 채팅방에서 주고받은 대화이기에 염려되는 부분이 있었다고 했다. 비언어적인 요소 없이 문자로만 이야기하는 상황이었기에 오해가 생길까 봐 걱정이 된다는 것이다.

보통 의사소통을 할 때 비언어적 요소가 없다면 상대방의 의견을 오해하거나 곡해할 수 있다. 실제로도 그런 경우를 많이 보았다. 지인은 친구들을 직접 만나 얼굴을 보며 이야기를 나누니 무척이나 좋은 마음이 들었다. 예의와 배려를 갖춘 친구들의 태도 덕분에 좋은 마음을 주고받을 수 있었다고 했다.

좋은 사람을 만나 좋은 이야기를 나누며 살아가는 것이야말로 행복 아닐까? 이보다 더 중요한 것이 또 있을까? 이러한 생각을 수용하고 존중받을 수 있는 사회이기를 바라본다. 어느 누구도 상처받지 않기를 바라본다.

# 그럼에도 불구하고
# 현실을 살아가는 지혜

어느 날 친구가 내게 고민을 털어놓았다. "이 얘기를 내가 했었나?"라는 질문을 자주 한다는 게 그 친구의 고민이었다. 질문을 했는지 안 했는지 기억조차 못하는 상황이 슬퍼서 남의 이야기 같지 않았다. 이런 이야기를 들을 때면 생각나는 기억이 있다.

지금보다 훨씬 젊었을 때의 일이다. 어렸을 때 어른들과 이야기를 할 때면 간혹 똑같은 이야기를 반복하는 어른들이 있었다. 그때 나는 '왜 자꾸 똑같은 말을 반복하지?'라는 생각이 들었다. 친구의 이야기와 그때의 어른들을 떠올려보니 친구에게만 국한된 상황은 아닌 것 같다는 생각이 들었다.

인간은 복잡한 생각을 이해하려 하고 환경에 적응하며 경험에서 배운다. 그리고 다양한 형태의 추론에 참여하고 사유를 통해 난관을 극복하려고 한다. 다만 그 정도의 차이는 있다. 개인차는 상당히 크다. 지적 성과가 상황, 분야, 판단 기준에 따라 변할 수도 있다.

지능은 이 복잡한 현상을 확인하고 명확화하려는 시도다. 일부 영역에서 상당한 명확성이 달성되었지만, 아직 모든 질문에 답을 찾은 것은 아니다. 의견 일치가 완전히 이루어진 것도 아니다. 철학, 심리학, 신경과학 등의 분야에서 정의하는 인간의 지적능력도 다르다. 심리학 내에서도 인지발달 영역인지 심리측정 영역인지 정보처리 영역인지에 따라 개념화하는 것이 다르다.

성인의 인지발달에 관심을 가진 레이먼드 카텔(Raymond Cattell)과 그의 제자인 존 혼(John Horn)은 인간의 지능을 유동지능과 결정지능으로 구분했다. 유동지능은 유전적 요인에 의해 결정되는 것으로, 뇌신경이 성숙할수록 더 발달하고 뇌세포가 손상되거나 쇠퇴하면서 감퇴한다. 우리가 깜박깜박하거나 기억력이 떨어지는 이유는 나이가 들면서 뇌세포가 엉클어져서다. 이는 자연스런 과정 중에 하나다.

또한 외부의 정보를 얼마나 빠르고 정확하게 처리하는가, 새로운 상황에서 얼마나 잘 적응하는가와도 관련 있다. 그리고 도형의 관계나 도형의 분류 등 관계를 파악하는 사고능력이나 원인을 찾아가는 귀납능력, 일반적인 사회적 상황에서의 추론능력이 어떠한지 등으로 진단할 수 있다.

결정지능은 후천적인 경험과 학습에 영향을 받는 것으로 문화적인 영향으로 습득된다. 그러다 보니 이런 영역의 지능은 나이가 들어도 급격하게 감소하지 않는다. 주로 언어 이해력이나 기계적 지식, 논리적 의미, 관계에 대한 추론과 판단력, 경험에 바탕을 둔 평가 능력들로 이루어져 있다.

지적능력은 어떠한 형태로든 변화할 수 있다. 유동지능은 문제해결능력, 논리적 사고, 추상적 사고 등을 포함하며 청년기부터 중년기까지 점차 감소하는 경향이 있다. 이는 새로운 정보를 빠르게 처리하고 창의적인 문제 해결을 요구하는 작업에서 어려움을 겪을 수 있다.

반면에 결정지능은 언어능력, 축적된 지식, 경험 등을 포함하며 나이가 들어서 비교적 안정적이거나 오히려 증가할 수 있다. 이는 오랜 기간 축적된 지식과 경험을 바탕으로 한 작업에서 우수성을 드러낸다.

정보처리적 관점에서 보면 기억은 단기기억과 장기기억으로 나눌 수 있다. 단기기억은 정보를 짧은 기간 유지하고 조작하는 능력으로, 나이가 들면서 점차 감소할 수 있다. 나이가 들면서 전화번호나 사람의 이름을 기억하는 데 어려움을 겪을 수 있다는 의미다. 그래서 배우들의 얼굴은 잘 알아도 이름은 생각나지 않는 때가 있다. 그러다가 어떤 단서가 생기면 배우의 이름이 생각난다. 우리는 이 상태를 설단현상이라고 한다. 회상이 안 된다고 해서 기억나지 않는 것은 아니라는 방증이다.

장기기억은 오랜 시간 정보를 저장하고 회상하는 능력으로, 우리의 모든 기억들을 저장하는 것으로 가정된다. 나이가 들면 오래전 기억은 비교적 잘 유지되지만 최근의 일을 기억하는 데 어려움을 겪을 수 있다. 알츠하이머병은 단기기억을 장기기억으로 전환하는 것에 어려움을 겪는 질환으로, 최근의 기억부터 잊힌다. 그래서 어르신이 하는 이야기가 옛날 젊었을 때 있었던 일로 반복되는 것이다.

나이가 들면 집중력이 짧아진다. 금붕어도 아닌데 기억력이 3초도 못 넘기는 것 같다. 메일을 확인하려고 스마트폰을 들었는데 뉴스만 읽고는 창을 닫는다. 과일을 꺼내려고 냉장고 문을 열었는데 물만 마시고 돌아와서는 '내가 뭘 하려고 했지?'라고 생각할 때가 있다. 기억력 감퇴에 대비하려면 우리는 무엇을 준비해야 할까?

오래전에 노화와 통제력을 다룬 프로그램에 참여한 적이 있다. 그때 한 어르신을 알게 되었다. 그 어르신은 본인이 기억을 잃는다는 사실을 알고 있었다. 그래서 하루도 거르지 않고 노란색 메모지에 운동량을 기록해서 러닝머신 곳곳에 붙여놓았다.

그분의 러닝머신은 '노란 나비'로 가득 차 있었다. 그는 자신의 기억이 사라진다는 사실을 알았고, 기억을 떠올리기 위해 이 방법을 활용했던 것이다.

종갓집 맏며느리인 한 친구는 챙겨야 할 경조사나 해야 할 일들이 너무나 많았다. 그래서 이를 기억하기 위해 메모지나 휴대전화에 기록을 해두었다. 시장에서 살 물건들도 모두 기록해서 장을 보러 갔을 때 꼭 확인했다. 나름의 방식으로 맡은 일들을 처리했다. 다만 자꾸 기계에 의존하는 습관이 드는 것 같아서 걱정스럽다고 했다. 그럼에도 우리에게 휴대전화가 있어서 얼마나 다행인지 모르겠다.

# 생각하는 사람과
# 행동하는 사람 사이에서

한 선생님이 고민을 털어놓았다. 이 선생님은 늦깎이로 공부를 시작했는데, 자기가 공부를 잘 마무리할 수 있을지가 걱정이라고 했다. 걱정은 되었지만 열심히 책을 읽고 공부를 했다.

함께 공부하자고 했던 옆집 지인이 있었는데, 매번 공부하고 싶다고 이야기를 하면서 시작도 못 한 상황이었다. 나는 안타까운 마음이 들었다.

선생님은 대학원 진학을 목표로 삼고 경력을 꾸준히 쌓아갔다. 그 결과, 지금은 전문 분야에서 역량을 펼치며 활동하고 있다. 그때 옆집에 살던 지인은 아직도 뭘 해야 할지를 몰라 고민하고 있다.

한 지인은 퇴근하고 나서 피아노를 치러 다녔다. 어느 날에는 승마를 하고 있다며 말과 나눈 교감에 대해 이야기했다. 얼마나 신이 났는지 이야기만 들어도 그 기분이 느껴졌다. 그러다가 어느 날은 춤을 배우고 있다고 했다. 주말이면 등산을 가고 여행을 떠나기도 했다. 주변에서는 그녀를 보고 "대단하다" "부럽다"라고 했다. 그러면서 "나도 하고 싶은데 시작하는 게 쉽지 않다"라고 했다. 이 말을 들은 지인은 "그냥 내일 아침부터 시작하면 돼"라고 했다. 일이든 공부든 꿈이든 일단은 시작해야 한다. 이것저것 생각하고 재다가는 제자리일 뿐이다. 아무것도 못한 상태로 한 달이 두 달이 되고, 두 달이 일 년이 되는 것이다.

그 선생님은 주변 사람들에게 "생각만큼 무서운 게 없어요. 뭐든지 해본 사람은 압니다. 하기 전에는 그렇게 힘들고 어렵던 게 막상 하고 나면 별거 아니고, 그렇게 기분이 좋을 수 없는 걸요"라고 했다.

어쩌면 세상은 '생각하는 사람'과 '행동하는 사람'으로 나눌 수 있지 않을까? 한 살이라도 젊고 건강할 때 하고 싶은 것을 해야 하지 않을까? 젊음을 아껴서 어디에 쓸 것인가. 젊음을 부지런히 쓰는 게 최고의 활용 방법 같다. 나이가 들어 병이라도 들면 그때는 하고 싶어도 못하니 말이다.

# 흐르는 물은
# 썩을 틈이 없다

우리나라 풍수지리에서는 배산임수를 택지(宅地)를 정할 때 가장 이상적인 배치로 보고 있다. 집 뒤의 산은 집에 생기를 불어넣는 지맥이 있는 곳으로 보며, 집 앞의 물은 산에서 흘러온 땅의 기운이 모이는 곳으로, 땅의 기운이 더 이상 앞으로 나아가지 못하도록 막아주는 역할을 한다고 믿는다. 따라서 배산임수는 산의 기운인 음(陰)과 물의 기운인 양(陽)이 서로 합해지는 곳으로, 산천의 생기를 북돋아 만물이 잘 자라게 한다는 것이다.

이 때문에 풍수설에서는 배산임수를 양택(良宅)풍수라 해서 양기풍수(마을이나 도읍 터), 음택풍수(묘지)와 함께 가장 중요한 풍수의 원칙으로 여기고 있다.

배산임수에는 우리나라의 자연환경, 특히 기후 특성에 적응한 실제적이고 실용적인 지혜가 반영되어 있다. 현대에 와서는 지리학 사상 중 하나인 환경결정론의 한 사례로 언급되기도 하니, 옛 선조들의 사물을 보는 지혜가 대단하다는 생각이 든다.

서울의 지리적 환경을 비추어보면 재물이 모이는 지역으로는 한강변의 압구정동과 성북동이 꼽힌다. 압구정동은 재물이 상징하는 물이 활처럼 흘러서 감는 지형으로 재물이 쌓이는 입지다. 성북동은 북한산 산세가 끝나면서 기운이 힘 있게 모인 혈의 자리이며 재물을 의미하는 물이 골짜기마다 흘러나오는 배산임수 지형이다.

배산임수가 풍수지리에만 있는 게 아닌 것 같다. 사람 간 관계도 그러한 것 같다. 서로의 관계가 형태적인 것이든 비형태적인 것이든 주고받아야 하고, 때로는 서로 나누어야 하는 것 같다. 사람들 간의 관계가 폐쇄적이거나 정체된다면 이는 사람들 간에 에너지가 제대로 흐르지 못하기 때문이다. 다양한 사람들과 상호작용하고 갈등도 하면서 해결점을 모색할 수 있는 사이가 될 때 서로 활력이 생기는 것 같다.

대부분의 직장에서는 부서 간 이동이나 지역 간 이동을 통해 발령을 낸다. 직원들은 새로운 분야의 일을 하면서 의욕을 가지거나 새로운 관계를 위해 노력하면서 삶의 활력을 찾는다.

반면에 한곳에 오래 있거나 같은 사람들과 오래 지내다 보면 싫증이 나거나 과하게 의존하는 경우가 있다. 게다가 서로 너무 잘 알아서 불편한 상황이 생기기도 한다. 한곳에 오래 머무르면 업무에 익숙해져서 편할 수도 있지만, 때로는 익숙함이 우리를 정체시키고 삶의 에너지를 잠식시키는 것 같다.

물론 부서 내에서도 서로 간에 에너지가 흐를 때 그 부서는 더 성장을 한다. 그래서 에너지의 흐름이 중요한 것 같다. 한방에서는 사람의 기가 흘러야 건강하다고 하고, 국가 간에도 교류를 통해 발전을 하니 흐름이라는 것은 세상을 잘 돌아가게 하는 윤활유인 셈이다.

집단상담은 참여자들이 상호작용하면서 서로의 경험을 공유하고 그 안에서 배우는 독특한 형태의 상담 방식이다. 집단상담에서도 구성원 간에 심리적 에너지가 흐를 때 재미있어지고 활력을 갖게 된다.

집단상담에서 가장 핵심 중의 하나가 집단역동성이다. 이는 집단 내에서 발생하는 다양한 상호작용, 관계 패턴, 감정의 흐름과 관련된다. 즉 집단역동성은 살아 있는 유기체처럼 끊임없이 변화하고 발전하며 집단상담의 효과성에 큰 영향을 미친다. 따라서 상담자가 집단역동성을 깊이 이해하고 적절히 활용할 수 있다면 상담을 효과적으로 이끌 수 있다.

집단역동성을 이해하고 집단상담에서 활용되는 것은 상담자에게 중요한 능력 중 하나다. 집단 내에서 발생하는 다양한 현상을 더 잘 파악하고 적절히 개입을 할 수도 있으며 집단 참여자들의 상호작용을 촉진하는 도구가 되기도 한다. 한마디로 이야기 한다면 집단역동성은 집단 내에 흐르는 에너지와 같다. 그리고 이 에너지가 흘러야 집단은 의미를 가지고, 결국 참여자들은 성장한다.

어떤 조직이든 기능을 유지하기 위해서는 구성원들이 가진 심리적 에너지가 흐를 수 있어야 한다. 특정 구성원과 이야기하는 게 어렵다면 에너지가 흘러가지 못해서 막히고 만다. 직책이 있거나 책임이 있는 위치라면 그 흐름을 파악하고 막힌 곳이 있으면 뚫어야 한다. 그렇기에 그가 더 많은 월급을 받는 것이고 더 큰 책임을 갖는 것이다.

우리가 우려해야 하는 점은 지금 나의 위치에서 '이만하면 되겠지'라고 안주하는 태도다. 정체되고 안정된 상태가 아니라 에너지 교환이 이루어지고 역동적으로 움직일 수 있을 때 그 조직은 더 성장하고 나아갈 수 있다.

나이가 들면서 터득해야 하는 안목으로는 보이지 않는 사람의 에너지, 사람들 간의 에너지를 볼 수 있는 안목이다. 전체적인 상황을 조화롭게 볼 수 있어야 한다. 어디를 뚫어야 할지, 어디를 연결해야 할지, 그래서 어떻게 조화를 이루어서 더불어 살아가야 할지를 알 수 있다.

## 어떻게 늙어갈지
## 함께 고민해본 적이 있었던가?

방송에서 더없이 행복해 보였던 부부들이 갑자기 이혼한다는 뉴스를 볼 때가 있다. 부부의 폭로로 사생활이 만천하에 공개되고, 이것이 돈벌이 수단이 되기도 한다. 이러한 세상에서 피로감이 느껴진다. 그들과 관계도 없는 사람들에게 무작위로 정보가 제공되는데, 볼 때마다 '이런 정보공해가 또 있을까' 싶다.

 이혼이 더 이상 흠이 아닌 세상이다. 이혼은 또 다른 선택임이 분명하다. 그럼에도 부부의 연을 맺어 서로의 삶을 공유했다가 이 연을 끊는 일은 쉽지 않다. 어느 관계든 이별이라는 것은 상실과 관련이 있으니 말이다. 이때 이별의 원인을 알고자 하는 마음, 상대를 탓하는 마음이 든다. 그리고 이를 받아들이기 불편할 때는 다른 이를 희생자로 삼고 나의 불편함을 해소하려고 한다.

의사 엘리자베스 로스(Elisabeth Ross)는 임종을 앞둔 사람들을 면담하고 그 과정을 정리했다. 과정 첫 단계는 우리가 죽음이라는 절망적인 상황에 직면하면 이를 '거부'하고 인정하지 않는다. '그럴 리 없어. 뭔가 잘못되었을 거야. 오진일 거야'라고 생각하면서 불편한 감정을 이어나간다. 그런 다음 사실이 변하지 않으면 우리는 그 이유를 찾는다. '무엇 때문이지? 내가 왜 이 병에 걸린 거지?'라며 말이다.

그다음 단계는 '분노'다. '내 인생은 왜 이래? 너무 억울해'라며 분노의 감정이 든다. 이때 분노의 감정 대상이 상대방에게 향할 때도 있다. '당신이 나한테 더 잘했더라면' '당신이 우리 부모님에게 그렇게 하지만 않았다면' 등으로 상대방을 원망하고 비난한다.

다음 단계는 '타협'이다. 지금 상황을 유지할 수 있는 방법을 찾아내려고 한다. '내가 좀 더 잘 관리하면 건강이 나아질 수 있어'라며 좋다는 음식을 구해서 먹어보고, 나에게 주어진 삶을 어떻게 보내야 할지 모색한다. 또는 '막내아들이 장가가는 모습은 봐야지. 그것까지는 볼 수 있기를' 같은 생각을 한다.

그다음 단계는 '우울'이다. '이렇게 살아서 뭐해. 만사가 다 귀찮아'라며 삶이 의미 없다고 생각한다. 모든 일에 무기력해지고 의욕이 사라진다.

마지막 단계는 '수용'이다. 현실을 받아들이고 지금까지 살아온 삶에 감사하는 마음을 갖는다. 그리고 조금 덜 고통스럽게 죽음을 맞이하고 싶다고 생각한다. 주어진 현실을 받아들이고 현재에서 의미를 찾고자 한다. 이 과정은 로스가 제안한 것으로 반드시 이 순서대로 진행되는 것은 아니다.

이혼도 이러한 과정으로 이루어진다. 한때 사랑했던 사람과 이별을 경험하면서 로스가 제시한 과정을 겪어가는 것이다. 이는 비단 부부 관계가 상실할 때만 나타나는 것은 아니다. 헤어지는 연인 관계에서도 나타난다.

어쩌면 우리는 많은 관계의 상실 과정에서 이와 유사한 심리적 상태를 경험하는 것 아닐까? 결별에 대한 두려움, 더 이상 어떤 누군가와 친절하고 다정한 이야기를 나눌 수 없다는 것을 예측하는 것은 아주 불편하고 힘든 심리적 상태에 이르게 한다.

이러한 상황은 재난 상황에서도 마찬가지다. 우리는 재난으로 인해 사랑하는 사람을 잃기도 하고, 고생하고 아끼며 모은 전 재산을 잃기도 한다. 한순간에 이러한 일들이 일어난다. 이런 일들을 겪으면 받아들이지 못한다. 꿈같은 일이고 뭔가 잘못된 것 같으며 그럴 리가 없다는 생각이 든다.

그러면서 그곳에 갔던 자신을 책망하고 구해내지 못했던 처지를 자책한다. 적극적으로 구해주지 못한 타인을 원망하기도 한다. 이러한 심리적인 상태가 되는 것은 지극히 당연하다. 왜냐하면 재난 상황이기 때문에 그럴 수 있는 것이다. 그것이 자연스러운 과정이다.

부부 관계든 친구 관계든 또는 갑작스런 은퇴든 우리 대부분은 이를 잘 극복하고 자신의 성장을 이끄는 과정으로 나아간다. 우리가 살아가는 세상에는 너무나도 다채로운 일들이 예고 없이 일어난다. 크든 작든 누구에게나 일어날 수 있다.

이런 일들이 일어날 때 나는 어떻게 할 수 있을까? 내 감정은 어떤 상태가 되고, 내 행동은 얼마나 이상해질까? 또는 내 친구에게 이런 일들이 일어나면 나는 그 친구를 어떤 시선으로 바라보고 있을까? 그 친구는 지금 어떤 위로의 말을 듣고 싶어 할까? 그 이야기를 내가 해줄 수 있을까?

상담을 공부하다 보면 '경험 보존의 법칙'이라는 말을 하게 된다. 나에게서든 친구에게서든 조금씩은 다른 상황에서 맞닥뜨리는 유사한 일들이 있다는 것이다. 그래서 그것이 어떻게 종결될지 어느 정도 예측이 가능한 시기가 오는 것 같다. 삶의 경험이 그렇다.

우리는 어떤 말로 나를 위로하고 친구를 위로해줄 수 있을까? 어떻게 나이 들어가야 하는지 고민해본 적이 있는가? 아니, 함께 고민해준 적이 있는가?

# 어느 한순간도
# 내가 선택하지 않은 건 없다

우리는 아침에 일어나서 무엇을 먹을지, 어떤 옷을 입고 출근할지, 버스를 탈지 택시를 탈지, 그리고 누구와 점심을 먹을지 등을 매 순간 선택하며 살아간다. 그런 점에서 삶은 선택의 연속인 것 같다.

한 지인이 남편과 아이 앞에서 "엄마는 아빠를 만나서 인생이 이렇게 꼬였어"라고 했다. 그러자 아이들이 이렇게 말했다고 한다. "아빠를 선택한 건 엄마 아닌가요?"

심리학자 윌리엄 글래서(William Glasser)는 "인간은 자신의 욕구를 만족시키기 위해 행동하고, 이러한 행동은 인간이 스스로 선택하고 결정하며 선택에 대한 책임은 자기 자신에게 있다는 기본 개념 위에 성립된다"고 했다. 그는 인간의 기본적인 욕구를 생존의 욕구, 사랑과 소속의 욕구, 힘(성취)의 욕구, 자유의 욕구, 즐거움의 욕구 등 5가지로 제시했다.

생존의 욕구는 살고자 하는 것과 번성하여 확장하려는 속성을 말한다. 이 유형에 속하는 사람은 생존이 최우선이기 때문에 '안전'이 보장된 상황을 선택한다. 계획을 세우거나 정리하는 일을 중요하게 생각하고, 예측하지 못하는 상황에 놓이는 것을 가장 두려워한다.

사랑과 소속의 욕구는 사랑하고 나누며 협력하려는 속성을 말하는 것으로, 다른 이들로부터 사랑받는 것을 중요하게 여긴다. 이들에게는 자신과 가까운 사람과 유대감을 느끼고 그룹에 소속되어 있다는 느낌을 받는 것을 중요하게 여긴다.

힘(성취)의 욕구는 경쟁, 성취, 존재를 높이려는 속성을 말한다. 이 유형의 사람들은 더 많은 힘과 권력을 추구하고자 한다. 힘의 욕구가 높은 사람들은 목표를 성취하고 경쟁적이며, 다른 사람보다 더 높은 지위에 도달하는 것에 관심이 많다.

자유의 욕구는 선택과 이동을 자기 마음대로 하려는 속성으로, 이들에게는 자유를 보장받는 것이 중요하다. 자유의 욕구가 강한 사람들은 남에게 통제받는 상황을 견디기 어려워한다. 아울러 자신이 통제받기 싫어하는 만큼 남을 통제하는 것도 좋아하지 않는다.

즐거움의 욕구는 새로운 것을 배우고 놀이를 통한 즐거움을 느끼고자 하는 속성으로, 이들은 다른 무엇보다 즐겁고 재미있는 것을 추구한다. 항상 주위 사람들을 즐겁게 만들려고 노력한다. 익숙한 것보다는 좀 더 재미있고 새로운 것에 쉽게 흥미를 느낀다.

글래서는 인간은 서로 다른 것을 원하는 것처럼 보이지만, 사실 기본 욕구 중 하나가 변형된 것뿐이라고 주장한다. 단지 각각의 욕구 강도가 사람마다 다를 수 있기 때문에 행동이 달라지는 것이라 말한다. 우리는 이성적 판단에 의해 행동한다고 생각하지만, 사실은 자신이 가진 5가지 본능적 욕구에 의해 행동을 선택한다는 것이다. 즉 행동의 원인이 바로 욕구라는 것이다. 인간의 욕구가 충족되면 원하는 행동을 이끌어낼 수 있다는 말이기도 하다.

인간은 공통적인 '욕구'를 가지고, 이 욕구를 바탕으로 선택을 한다. 그리고 궁극적으로 그 선택은 나 자신에 의해 이루어진다. 그렇기 때문에 책임이 중요하다. 앞서 본 사례처럼 어쩌면 결혼할 시기에 남편을 선택한 것은 그 당시 어떤 욕구가 중요했는지를 탐색할 필요가 있다는 것이다.

# 아리쇠로 균형을 맞출 수 있을까?

삼국시대 유물인 삼발이 형태의 토기가 발굴되었다. 삼발이 형태는 2개의 다리만으로 균형을 잡기에는 불안정하기 때문에 최소 3개의 다리로 균형을 잡는다. 그릇이나 솥이 3개의 다리로 되어 있으면 균형을 잘 잡을 수 있는데, 이것을 '아리쇠' 또는 '삼발이'라고 한다.

삼발이가 언제부터 존재했었는지 정확히 알 수는 없다. 다만 중국 은대의 의식용 삼발이 솥이 있었다고 하니 청동기 시대로 거슬러 올라가기도 한다. 인류는 일찌감치 3개의 다리로 물건의 균형을 맞추고자 했다.

드라마나 영화에서 수없이 많은 삼각관계가 나온다. 항상 연인이 있고 각각의 남녀를 사랑하는 관계가 존재한다. 그러면서 두 사람 사이의 긴장을 배가시키기도 하고, 두 사람의 관계를 단단하게 만들기도 한다. 이런 삼각관계는 가족 간에도 존재하는데, 이것의 중요성을 이야기한 사람이 가족심리학자 보웬이다.

그는 부부 관계가 불안정하면 자녀나 타인을 끌어들여 부부 관계를 안정시키고 균형을 이루고자 한다고 보았다. 삼각관계는 가족 관계에서 긴장이나 불안감이 생길 때 흔히 나타나는 현상으로, 삼각관계에 낀 자녀가 자라서 가정을 꾸렸을 때 원가족을 지긋지긋하게 생각하거나 가족을 떠나려는 경향이 있다. 그래서 가족학자들은 각 개인이 가족이 힘이 아니라 짐이라고 느껴진다면 '삼각관계에 끼어 있던 건 아닐까' 하고 생각해봐야 한다고 말한다.

부모가 자녀에게 푸념을 늘어놓는 것, 예를 들어 "엄마가 아빠하고 사는 건 다 너 때문인 거 알지? 네가 아니었으면 엄마는 아빠랑 벌써 헤어졌어" 같은 푸념은 엄마에 대한 죄책감과 아빠에 대한 분노와 실망감을 자녀에게 심어줄 수 있다. 아빠는 아내에 대한 사랑이 부족한 사람으로, 엄마에게 나쁜 남자가 되는 것이다.

그러나 여기서 짚고 넘어갈 점이 있다. 그렇다고 해서 아빠가 아들에게도 나쁜 사람인 것은 아니라는 사실이다. 단지 부부가 서로의 관계에 불안이 심할수록 자녀를 이용해서, 즉 삼각관계로 해결하려는 경향이 있다는 것이다.

아이가 부부 갈등에 끌려들어가 자신도 모르게 갈등의 한 축을 담당하게 된 것처럼, 자녀나 타인을 끌어들여 부부 관계를 안정시키려는 관계 유형을 '삼각관계'라고 지칭한다.

삼각관계는 가족 안에 있는 불행한 관계 유형에서 파생된다. 부부든 형제든, 두 사람의 관계가 위태롭고 갈등을 겪고 있을 때 다른 사람을 끌어들이면서 안정을 형성하는 것이다. 이처럼 삼각관계는 직접적인 대결을 일시적으로 회피하려는 심리에서 만들어진다.

삼각관계의 희생양이 된 자녀들은 성장하면서 원가족을 지긋지긋하게 생각하고 어떻게든 가족을 떠나려 한다. 일종의 정서적 단절을 시도하는 것이다. 유학, 이민, 조기 결혼을 서두르는 자녀들 가운데 이런 정서를 갖고 있는 경우가 많다. 가족 삼각관계의 본질은 긴장에 대한 대처 기제로서의 기능에 있다.

가족학자들은 건강한 가족 관계를 형성하기 위해서는 삼각관계를 지양해야 한다고 말한다. 부부 갈등이 있고 불안이 발생하더라도 제삼자를 끌어들여 삼각관계를 형성해 문제를 풀려고 해서는 안 된다. 삼각관계는 부부 갈등을 터뜨려서 풀 수 있는 기회를 차단하므로, 근본적인 문제 해결에 도움되지 않는다. 그러면서 가족 구성원 사이에 희생양을 양산하게 될 뿐이다.

삼각관계는 단순히 3명의 가족 구성원 간 상호작용에만 국한되는 것이 아니라 직장, 친구, 취미 같은 외부적인 요소도 포함된다.

또한 자녀가 아니라 외부인이 희생양이 되기도 한다. 두 가족 구성원 간에 관계가 경색되거나 충돌될 때, 긴장이나 불안을 완화하기 위해 사람이든 추상적 개념이든 제3의 실체가 자주 발동하게 된다. 이러한 제삼자의 개입은 불안하거나 스트레스를 받는 개인이 문제적인 이중적 관계에서 주의를 딴 데로 돌릴 수 있게 하고, 그로 인해 즉각적인 정서적 불편을 줄일 수 있다.

예를 들어 부모와 자녀 사이에 긴장이 발생할 때 다른 부모는 갈등을 중재하기 위해 삼각형의 일부가 될 수 있으며, 자녀는 편안함과 지지를 위해 이 부모에게 기대어 초기 관계의 부담감을 어느 정도 덜어줄 수 있다.

또는 취미나 일과 같은 추상적인 제3의 실체를 피난처로 사용할 수도 있다. 개인은 긴장에서 벗어나고 위안을 찾기 위해 이러한 활동에 몰입해 원래의 이중적 관계와 선택된 탈출과 함께 삼각형을 형성할 수 있다.

삼각관계는 어느 정도 기능적인 측면이 있지만, 경우에 따라

소통의 창구를 막아버리는 역기능도 있다. 어느 정도 균형을 잡아주는 역할을 해야 하는 것이 자녀와의 관계에서 필요한 것 같다. 때로는 중년인 부모가 이 균형을 잘 잡아주어야 자녀가 또 다른 관계를 건강하게 갖게 될 것이다.

# 다가올 60대,
# 후회하지 않으려면

9월이 되면 홈쇼핑에서 자주 판매되는 상품이 있다. 온수매트를 세일한다는 이야기다. 뉴스에서는 올해 단풍이 어떻게 될지 바쁘게 이야기한다. 아침저녁으로 기온 차이가 많이 나니 분명 계절은 달라지고 있다. 주변 친구들은 주말에 옷장에 걸어둔 옷을 바꿔야겠다고 하고, 내일 아침에는 올해 들어 가장 낮은 기온이니 따뜻하게 입으라고 이야기한다. 시간의 흐름, 계절의 변화에 따라 달라지는 것들이 넘쳐나고 있다.

교육의 의미도 변화하고 있다. 과거에는 내용을 암기해서 내 것으로 만들었다면, 지금은 필요한 정보를 얼마나 효율적으로 잘 찾는가가 중요해졌다. 암기하는 사이에 이미 새로운 것이 만들어지기 때문이다. 물론 경우에 따라서 암기해야 할 것들도 있다. 다만 세월의 변화로 배움에 대한 관점도 변화하고 있는 것이 사실이다.

사람들이 코로나 팬데믹 이전에는 온라인 수업을 다소 낯설어했다면 지금은 구글을 이용하거나 전문 온라인 프로그램을 활용해서 영상으로 수업을 듣는 게 자연스러워졌다. 환경의 변화가 이렇게 사람을 적응시킨다. 아마도 우리 삶의 시간도 그럴 것 같다.

나이 앞자리 숫자가 바뀌면서 '나이 들었다'라는 생각은 더 빠르게 찾아올 것이다. 어렸을 때는 '언제 1년이 지나서 새로운 학년으로 올라가지?'라고 생각했는데 지금은 '벌써 10월이야. 올해도 얼마 안 남았네, 금방이다'라는 생각을 한다. 나이 앞자리가 바뀌었다고 해서 무엇이 달라져야 할까? 그런데 신기하게도 앞자리가 바뀌면 신체적으로도 달라진다.

환경이 바뀌면 우리는 이전의 것을 버리고 새것을 취한다. 마치 삐삐에서 휴대폰으로, 그러다가 스마트폰 시대가 된 것처럼 말이다. 과거의 삐삐는 이제 박물관에서나 볼 수 있다.

새로운 것이 등장하면서 과거의 것은 서서히 사라진다. 새로운 것에 적응하는 게 사람이 가진 능력이 아닐까 싶다. 맨 처음 키오스크가 나왔을 때만 해도 당황스럽고 사람이 주문받는 곳으로 발길을 옮겼는데, 이제는 자연스럽게 키오스크 주문을 한다. 사람이 서빙하던 음식을 로봇이 가져다줄 때도 참 신기했는데, 이제는 로봇 서빙이 익숙해졌다.

계절이 바뀔 때마다 지난 계절의 옷은 정리함에 넣고 새로운 계절의 옷을 꺼낸다. 계절이 지날 동안 한 번도 안 입은 옷들을 보면 이런 생각이 든다. '입지도 않은 옷인데 얼른 버려야지.' 그런데 그 생각만 몇 년째다. 쓸모도 없는데 버리지도 못하는 것들을 보며 그저 욕심이라는 생각에 자책하기도 한다.

비단 옷만 그런 게 아니다. 이미 지나가서 어쩌지 못하는 것들인데 여기에 대한 집착은 어떠한가? 절대 과거로 되돌릴 수 없는 것들 말이다. 그럼에도 우리는 어쩌지 못하는 것들에 매달려 있다. 40~50대 때 하지 못한 것들을 지금까지 끌고 와서 짐을 늘리고 있지는 않는가?

한 지인은 10여 년 전에 만난 사이다. 새로운 전공을 선택해서 공부도 하고 필요한 자격증을 따면 앞으로 몇 년간 도움이 될 거라고 이야기했었다. "그럴까?" 하다가도 결국에는 "이 나이에 배워서 뭘 하겠어"라며 미루었다. 그런데 지금은 이렇게 말한다. "그때 네가 이야기할 때 공부할걸. 지금이야말로 나이 들어서 뭘 배우기에는 너무 늦은 것 같아"라고 말이다. 그러면서 현실을 탓

하고 불평한다.

누구든 자신의 삶을 한번쯤 생각해본다면 여러 가지 상황에서 자신만의 생각과 행동에 패턴이 있다는 걸 느낄 것이다. 전문가들은 이러한 특징에 집중해서 사람의 행동을 예측하거나 그 사람만의 고유성을 파악한다.

스스로 나만의 행동 양식과 사고방식이 어떠한지 집중해보자. 자신만의 삶의 방식을 발견할 것이다. 때로는 이것을 유지하기 위한 목적도 있지만, 이것에 변화를 주는 것도 또 다른 삶의 선택이 될 수 있다.

성인들도 끊임없이 새로운 것을 배우고 적응해야 한다. 우리는 이런 시대에 살고 있다. 그래서 50대에 할 수 있는 것을 찾아보면 40대에 하지 않아서 후회하는 일은 없을 것이다.

지나간 시간을 후회의 시간으로만 보낼 게 아니라, 지금 하지 않으면 안 될 것을 찾아보고 실행해보면 어떨까? 적어도 60대가 되었을 때 50대에 하지 않아서 후회하는 일은 없을 것이다. 그러니 50대에 반드시 해야 할 것들을 적어보자. 무엇을 해야 하는지, 왜 하고 싶은지, 그리고 어떻게 해야 하는지를 말이다.

PART
5

나를 돌아보며
역사를 만든다는 것

## 스트레스와
## 친구가 되어야 하다니!

한 교수가 수업시간에 물이 든 컵을 들고 와서는 학생들에게 물었다. "이 컵의 무게가 얼마나 될까요?" 학생들은 교수의 질문에 다양하게 답변했다. 교수는 "지금 여러분은 이 컵의 무게가 아주 가볍다고 생각할 수 있어요. 하지만 이 컵을 1시간 동안 들고 있다면 생각은 달라질 것입니다"라고 했다. 몇 시간 동안 들고 있으면 팔이 아플 것이고, 종일 들고 있으면 마비가 올 수도 있다. 여기에서 벗어나는 방법은 컵을 내려놓는 것이다. 우리의 스트레스도 그렇다.

우리는 일상생활에서 '스트레스'라는 단어를 빈번하게 사용한다. 그 의미를 말하지 않아도 이 단어가 어떨 때 사용되는지를 알고 있다.

스트레스란 진공 상태가 되었을 때 찌그러진 상태를 이르는 물리학 용어다. 좀 더 정확히 말하면 외부에서 압력을 받으면 긴장, 흥분, 각성, 불안 같은 생리 반응이 일어나는데 이런 외부 압력을 스트레스 요인이라 하고, 여기서 벗어나 원상 복귀하려는 반작용을 스트레스라고 한다. 외부로부터 가해지는 압력인 스트레스 요인이 그 반작용으로 스트레스를 일으키는 것이다.

그래서 우리는 스트레스를 대개 부정적인 의미로 생각한다. 많은 과업들로 또는 즉각적으로 해결할 수 없는, 그래서 오랫동안 지속된 일상의 일들, 갑작스러운 충격적인 사건이나 재난이 있을 때 우리는 "스트레스를 받는다"고 이야기한다. 그래서 현대인들을 스트레스 상황에서 찌들어 살아가는 것처럼 이야기한다.

이런 것들은 자기 파괴적인 상태에 빠지게 한다. 그래서 약물에 의존하기도 하고, 자신을 파괴시키거나 적절한 관계를 유지하기 어려운 상태가 되기도 한다. 그런데 스트레스가 주는 여건들이 모두 사라지면 우리는 스트레스가 없는 삶을 영위하게 될까?

스트레스를 연구한 많은 학자들은 스트레스가 항상 부정적인 측면만 있는 것은 아니라고 주장한다. 우리는 스트레스 요인들이 사라진 상황이 지속되어도 이 또한 견디기 어려워한다. 아무것도 일어나지 않는 상황을 두려워하고 이 또한 스트레스가 된다는 것이다. 우리는 더 나은 삶을 위해 또는 더 나은 성취를 위할 때도 스트레스를 받는다. 그래서 스트레스를 긍정적 스트레스와 부정적 스트레스로 구분하기도 한다.

스트레스가 너무 심한 상황이라면 원하는 것을 이루지 못하지만, 스트레스가 너무 없는 상황이어도 시도조차 하지 않기 때문에 성취하지 못한다. 그러므로 적당한 스트레스를 어떻게 잘 관리하느냐가 중요하다. 스트레스를 없앤다고 이야기하지 않고 '대처한다' 또는 '관리한다'고 칭한다.

대처 전략에는 여러 가지가 있다. 심리학자 수잔 포크먼(Susan Folkman)과 리처드 래저러스(Richard Lazarus)는 정서 중심 대처와 문제 중심 대처를 제안했다. 문제 중심 대처는 스트레스원을 변화시키는 데 목적을 두는 것으로, 스트레스 사건이나 상황을 통제 가능하다고 생각이 될 때 이 방법이 효과적이다.

반면에 정서 중심 대처는 스트레스 지각에 수반되는 정서를 관리하는 데 초점을 두는 것으로, 통제가 불가능하다고 생각될 때 이 방법을 선택한다.

예를 들어 유쾌하지 않은 치과 치료를 받는 동안에는 문제 중심 대처를 선택할 수 없다. 유쾌하지 않은 감정으로부터 벗어나는 것이 치과 치료를 받는 동안 최선의 방법이 될 것이다.

우리가 겪는 많은 사건들은 아마도 내가 대처할 수 있는 여건이 되지 않는 경우가 많다. 윗사람과의 관계에서도 내가 선택할 수 있는 것이 없기 때문에 힘들고, 생각지도 못한 건강 문제도 마찬가지다. 그런데 문제 중심적으로 대처했을 때 스트레스 문제가 해결된다면 이보다 좋을 수는 없을 듯하다.

우리의 삶을 항상 통제할 수 있는 것은 아니다. 때로는 견뎌 내야 하는 것들이 있다. 그렇기에 위로의 말이 필요하다. 말의 힘이라는 것은 때로는 너무나 강력해서 용기를 내게도 하고 사람을 살리기도 한다.

전문가들은 그것이 어떠한 형태든 스트레스는 삶과 떨어뜨려서 생각할 수 없다고 말한다. 어떠한 대처든, 그것은 아주 작은 틈에서 시작했을 수 있고 그 틈이 점차 커져서 문제가 되기도 한다.

스트레스가 그렇다. 계속 부여잡고 있으면 처음에는 별게 아닌 것 같아도 나중에는 나를 망가뜨리고 주변 사람들을 불편하게 할 수 있다. 가장 좋은 것은 더 이상 그것을 생각하지 않는 것이다. 내려놓아야 한다. 그렇지 않으면 지속적으로 나를 괴롭힐 것이다.

# 세상이 아름다워 보이게 하는 마법은 있다

"백문이 불여일견"이라는 말은 '보는 것'의 중요성을 뜻하는 말이다. 청력보다 시력이 살아갈 때 더 중요하다는 뜻이기도 한 것 같다. 중년기인 사람들을 볼 때면 성별을 불문하고 대다수가 성형외과에서 시술을 받는 것 같다. 노화 때문에 아래로 처지는 눈꺼풀을 해결하기 위해서, 좀 더 아름다운 눈을 갖기 위해 시간을 들이고 고통을 감내한다.

눈이 외모에서 차지하는 비중은 매우 크다. 눈매에 따라 인상이 달라지기도 한다. 외관상 개개인을 구별할 수 있는 요소 중에서도 눈이 큰 비중을 차지한다. 얼굴에서 눈만 가려도 누구인지

특정하기가 아주 어려워진다. 그래서 신원을 숨기려고 할 때 눈을 먼저 가리는 것이다.

우리가 인식하는 눈의 모양은 눈꺼풀의 모양이다. 눈꺼풀 안쪽의 안구는 비슷하게 생겼다. 겉으로 드러나는 눈은 사람마다 크기와 모양이 다르지만, 안구는 거의 차이가 나지 않는 신체 부위 중 하나다.

특이하게도 인간만 비정상적으로 좌우로 찢어진 형태의 눈구멍과 상대적으로 굉장히 넓은 면적의 흰자위(공막)를 가지고 있어서 '시선'이라는 개념이 있다.

인류의 눈이 이렇게 진화한 이유 중의 하나로, 뛰어난 사회적 능력으로 설명하려는 설이 있다. 생태계에서는 본인의 시선을 드러내지 않는 것이 사냥과 생존에 훨씬 유리하다. 그래서 다른 동물들은 공막과 눈동자가 쉽게 구분되지 않는다. 반면에 인간은 사회성과 상호 간 신뢰를 바탕으로 진화했다고 본다.

이처럼 일반적인 동물과 다른 모양새 덕분에 인간의 심리 상태가 가장 잘 드러나는 부위가 눈이며, 고대부터 '마음의 창'이라는 등 심상에 대한 시적 비유물로 많이 사용되었다.

"몸이 천 냥이면 눈이 구백 냥"이라는 속담처럼 신체에서 가장 중요한 감각기관이 눈이다. 어떤 상해보험의 경우에는 양쪽 눈을 실명했을 때 사망과 동일하게 보험금이 지급되는 상품이 있다고 한다.

인간은 다른 감각에 비해 시각에 대한 의존도가 크며 외부 정보의 70% 정도를 시각으로 받아들인다. 600만 불의 사나이가 소머즈보다 6배나 비싼 이유도 개조된 부위가 귀가 아니라 눈이었기 때문이라는 농담도 있지 않는가.

크고 아름다운 눈을 만드는 것은 어느 정도의 비용과 한두 시간만 들여도 가능하지만, 너그러운 눈은 그렇지 않은 듯하다. 눈이 마음의 창이라고 한 것만 봐도 우리의 마음이 눈을 통해서 드러나서 그런 것 아닐까? 그래서 사람의 눈을 보면 그 사람이 어떤 사람인지 알 수 있다고 하는 것 같다.

배우들이 얼마나 연기를 잘하는지 연기력을 판단하는 기준 중 하나가 눈빛이다. 배우가 눈빛으로 감정을 얼마나 잘 표현하느냐에 따라 연기력이 달라지니 말이다.

눈은 외부의 정보를 받아들이고 그 정보를 취합해서 망막의 한 지점으로 보낸다. 그것이 무엇인지를 판단하는 것은 두뇌다. 인간의 눈은 약 1억 3천만 개의 간상체(안구 내 망막에 내장되어 있는 시세포로 밝기를 감지함)와 추상체(망막의 중심와에 밀집되어 있는 시세포로 색을 탐지함)로부터 정보를 수용해 약 100만 개의 신경절 세포로 전달되며 신경절 섬유들이 모여서 시신경을 이룬다. 신경절 세포는 명암의 대비에 매우 예민하게 반응한다. 이러한 반응은 주변 환경에서 물체의 윤곽이나 경계, 그리고 밝고 어두운 부분의 차이를 감지하는 데 필수적이다.

그러나 대부분의 정보처리는 뇌에서 이루어지며 망막은 정보를 뇌의 뒤쪽에 있는 시각피질로 보낸다. 이러한 정보들은 객관적 사실로 처리되어 두뇌로 전달되는 걸까? 아니다. 우리의 감각을 선택하고 조직화하는 과정을 거쳐 그것이 어떤 것인지를 알게 된다.

같은 것을 보아도 다르게 지각하고 경험하는 것은 우리의 두뇌가 어떻게 판단하느냐에 달려 있다. 우리가 보는 것이나 듣는 것에는 우리 마음의 의도가 포함된다는 뜻이다. 세상이 아름다워서 아름답게 보이는 것이 아니라, 아름답게 보려 하기 때문에 아름다워 보이는 것이다.

## 가까워질 순 있으나
## 하나가 되어선 안 된다

아는 분이 친구와 전화를 했다. 그러다가 "우리가 처음 어디서 알게 되었지?"라며 인연의 시작을 생각해보았다. 그랬더니 대학원에서 공부할 때 처음 알았고 지금까지 관계를 이어오고 있더란다. 그때는 전공이 서로 달라서 이야기를 많이 하지는 못했지만, 같은 실험실에서 책을 보고 논문을 쓰고 점심을 먹기도 했다. 대개 바쁜 일상에 집중하다 보면 안부를 묻기가 어색해지고 데면데면해진다. 그러다가 관계는 점점 멀어진다.

오십이라는 나이를 앞둔 어느 즈음, 차를 마시며 아이들 크는 이야기를 하던 친구들의 얼굴에 잔주름이 하나둘 보였다. 그러면서 '이들과 함께한 시간이 벌써 20년이나 지났구나'라는 생각이 들었다.

형평에 대한 관계의 원칙이 있다. 세상의 관계를 자로 재듯 정확하게 나눌 수 없는 것처럼 사람들의 관계도 그렇다. 한쪽이 일방적으로 희생하거나 의존한다면 그 관계는 건강하게 이어질 수 없다. 그러니 서로 노력해야 한다.

타인과의 관계가 항상 좋을 수만은 없다. 때로는 서운한 마음이 들거나 나를 함부로 대한다는 느낌이 들 때가 있다. 그럴 때는 잠시 거리를 두는 것도 필요하다. 마침표가 아닌 쉼표일 뿐이다. 그러다가도 언제 그랬냐는 듯이 다시 이야기할 수 있는 여유가 생긴다. 그런 관계가 좋은 관계다.

낯선 두 사람의 관계가 친숙한 관계로 되는 과정에서 가장 두드러지는 특징이 있다. 두 사람이 서로를 드러내는 자기노출이다. 자기노출은 관계의 진전 기능 이외에도 다양한 기능을 가지고 있다. 자신의 내적 감정과 의견을 표현하기도 하고, 표현을 통해 애매하고 엉킨 것을 명료하게 정리하기도 한다.

또한 상대방의 반응을 통해서 자기 의견에 대한 평가 및 조정을 하기도 한다. 이 과정에서 스스로가 노출의 정도를 조절함으로써 상대방과의 관계 수위를 통제해야 한다. 사람들은 이야기를 하면서도 우리의 관계가 형평에 맞는가를 끊임없이 생각하기 때문이다. 대학생을 대상으로 한 친교 관계 연구에 따르면, 친교 관계에 도움이 되는 행위뿐 아니라 자기노출이 관계를 오래 지속시키는 것으로 나타났다.

한편 일방적인 자기노출은 오래 지속되지 않는다. 노출은 상대방에게 호응을 요구하고 이러한 호응이 있을 경우에만 다음 관계에서 더 내밀한 노출이 교환되며 관계가 친숙해진다. 이를 '상응의 규범'이라고 한다.

어윈 알트만(Irwin Altman)과 달마스 테일러(Dalmas Taylor)는 관계의 진전을 노출의 상응과 관련시켰다. 두 사람 사이의 무형의 경계 안으로 침투되는 과정, 즉 사회적 침투로 기술했다. 관계가 진전됨에 따라 노출의 내용이 다양해지고 노출의 깊이도 깊어진다.

노출은 상대방의 호응을 봐가면서 그 수위를 조절해야 한다. 사람들은 상대가 노출하는 것을 가장 편하게 느낀다. 상대가 더 노출을 하는 경우에는 준비 없이 친숙한 관계로 끌려가는 기분이 들거나 상대가 무분별한 사람이라 여기기 때문에 저항을 보인다.

반면에 상대가 노출을 하지 않으면 스스로가 바보 같다는 생각이 들고 상대가 냉정하거나 자신에게 관심이 없는 사람이라 여기기 때문에 꺼린다.

나이가 들면서 좋은 점이 하나 있다. 사람들과의 관계에 함몰되지 않으면서도 이해력이 높아진다는 것이다. '그래, 그럴 수 있지'라는 마음이 들어서 다소 불편했던 순간이더라도 이해할 수 있는 기준선이 있다. 흥분하거나 화내지 않고 '그랬구나'라고 생각할 수 있는 마음이 생긴다.

건강한 관계를 위한 평행선이 필요하다고 생각한다. 어느 누구의 경계 안으로 침투하기보다 독립적인 존재로 살아가는 것이다. 그리고 각자의 삶은 사람 간 심리적 거리가 필요하며, 그 거리가 적절하게 유지될 때 관계도 이어진다.

각자의 기준에 따른 선이 조금 더 가까워질 수는 있다. 다만 같이 합쳐질 수는 없다. 어느 한쪽에서 의존하거나 집착한다면 이 평행선은 무너지고, 결국 두 선은 부딪치고 만다. 이러한 관계는 계속 유지될 수가 없다. 적절한 거리를 두고 상호작용을 하는 것이 더 오래가고, 독립적인 존재로서 존중하는 삶이 가능해진다.

## 나를 주인공으로 하는
## 위인전을 만들어보라

초등학교에 다닐 때였다. 선생님은 학생들에게 위인전 읽기를 권했다. 학급마다 위인전집이 있었고, 마치 위인을 그대로 따라 해야 하는 것 같았다. 현실성이 없거나 부풀려진 내용도 마치 사실인 양 받아들이면서 읽었던 것 같다.

그런데 위인전에도 단점이 있다는 걸 한참 지나서야 깨달았다. 내 삶의 주인은 나인데, 내가 주인공이 되기보다 남의 삶을 들여다보고만 있었던 것이다.

에릭슨은 인간의 전 생애를 8단계로 구분했다. 각 삶의 과정에서 위기가 있고 그 위기를 잘 극복했을 때 긍정적인 심리사회적 상태가 된다고 했다. 7단계인 성인 중기는 생산성 대 자아침체로 명명했고, 8단계인 성인 후기는 자아통합감 대 절망감으로 설명했다. 성인 중기의 생산성은 지나온 생의 경험을 통해 새로운 것을 만들어내는 것으로 보았다. 자녀의 성장, 직업에서의 전문성을 통해서 생산성을 획득해야 한다고 보았다. 그렇지 않으면 자기 욕구에만 초점을 맞추는 자아침체에 빠지게 된다는 것이다.

성인 후기는 지나온 삶을 돌아보면서 '이만하면 잘 살아왔다'라고 생각하고 삶의 흔적을 살펴보면서 긍정적으로 생각하며 삶을 통합하는 경험을 해야 한다고 보았다. 그렇지 않으면 자책하거나 책망하며 후회하는 상태에 빠지고 우울해진다고 한다.

오랫동안 알고 지낸 선생님이 있다. 몇 해 동안 어르신들을 대상으로 한 자서전 만들기 프로그램을 맡았다. 프로그램은 상당히 인기가 좋았고 무엇보다 선생님도 보람을 많이 느꼈다고 했다. 프로그램 참여자에게 어린 시절의 사진이나 받았던 상장을 가져오게도 했다. 어렵게 딴 자격증을 가져왔을 때는 그때의 경험과 감정을 나누기도 했다. 이야기를 나누면서 자기 삶이 얼마나 충만한지 느낄 수 있었고, 때로는 감정이 격해져서 눈물을 흘리기도 했다.

참여자들이 지나온 삶을 돌이켜보며 감동하거나 긍정적으로 바라볼 기회도 되었지만, 무엇보다 '나'를 주인공으로 하는 작업이었기에 더 의미가 있었을 것이다. 진정으로 내 삶의 주인공이 되는 경험이었을 테니 말이다.

한번 되돌아보자. 그동안 나는 내 인생의 주인공으로 살아왔는가? 많은 시간을 허상에 소비하거나 불편한 감정을 느끼며 살아왔을 것이다. 때로는 미워하는 감정, 때로는 자녀를 위해 애썼던 시간들이었을 것이다. 그런데 온전히 내가 원했던 것에 시간과 노력을 들인 시간은 얼마일까?

이에 대한 답을 찾기 위해서는 어린 시절의 사진을 찾아보는 것이 좋다. 내가 생각하는 내 생애 첫 기억은 무엇일까? 어떤 상황이고 누구와 함께 있었을까? 그때 나의 감정은 어떤 상태였는가? 그 기억에 대한 이야기를 만들어보자. 누구와 어떤 상황에서, 어떤 일이 있었는지 노트에 적어보는 것이다. 그리고 써 내려가는 동안 내 마음이 어떤 상태인지도 생각해보자.

이번에는 청소년기 시절로 돌아가보자. 어디서 학교를 다녔는지 학교 홈페이지에 들어가보자. 지금의 학교 모습과 내 기억 속의 학교는 어떠한가? 그때의 사진이 있다면 한번 찾아보자. 그 시절의 물건이 있다면 이것도 좋은 추억이 될 것이다.

어디서 어떻게 시간을 보냈을까? 친구들을 떠올리면 어떤 활동들이 떠오르는가? 기억에 남는 선생님은 어떤 분이었는가? 나는 친구들 사이에서 어떤 존재감이었을까? 나는 청소년 때 누구와 고민을 나누었는가? 그리고 이러한 기억들이 내 삶에 어떠한 영향을 미치고 있는지를 생각해보자.

나의 20대는 어떠했는가? 가슴을 설레게 하는 시절이었을까, 막연한 불안감이 있었던 시기였을까? 어떤 것을 고민했고 그 고민을 어떻게 다루었는가? 20대 청년에게 어떤 이야기를 해줄 수 있을까? 위로의 말을 해줄 수 있을까, 아니면 칭찬의 말을 해줄 수 있을까?

30대 시절도 마찬가지다. 그때의 시절을 잘 설명할 수 있는 물건이나 사진은 어떤 것들일까? 결혼을 했다면 새로운 가족사진일 수도 있다. 직장 명함이 나의 30대를 잘 설명할 수도 있고, 열심히 돈을 모아서 산 첫 차가 그때를 대표할 수도 있다. 직장 동료들과 힘을 합쳐서 이루어낸 프로젝트 덕분에 가장 행복했던 시절일 수도 있다.

40대는 어떠한가? 자녀들의 성장, 넓어진 아파트 평수가 나를 기쁘게 했을 수도 있다. 아니면 이직을 통한 성장이 지금의 나를 있게 한 경험일 수도 있다.

그것이 무엇이든 각 시기별로 나에게 중요한 물건이나 사진 등으로 내 삶을 되돌아보자. 열심히 살아온 자신에게 위로가 될 것이다. '그래, 괜찮았어!'라고 생각할 수 있다면 감사할 일이고,

그렇지 않더라도 괜찮다. 우리에게는 아직 시간이 남아 있기 때문이다. 이를 점검해볼 수 있는 시간을 가져보면서 다가올 미래를 어떻게 보낼지 그 목표도 생각해볼 기회가 된다. 내 미래의 역사를 새롭게 써갈 것인가? 내일은 남은 인생의 첫날이다.

- 20대를 대표하는 물건과 이와 관련된 이야기가 있는가? 떠올리면서 드는 생각은 어떠한가? 그리고 지금의 감정은 어떠한가?

  →

- 30대를 대표하는 물건과 이와 관련된 이야기가 있는가? 떠올리면서 드는 생각은 어떠한가? 그리고 지금의 감정은 어떠한가?

  →

- 40대를 대표하는 물건과 이와 관련된 이야기가 있는가? 떠올리면서 드는 생각은 어떠한가? 그리고 지금의 감정은 어떠한가?

  →

## 눈이 즐거운 단풍만이
## 내년을 준비한다

운전기사인 지인은 봄철, 가을철이면 운전하기가 너무 힘들다고 했다. 봄이면 사람들이 꽃놀이 가느라고, 가을이면 단풍 구경을 가느라고 고속도로가 꽉 막힌다는 것이다. 집 앞만 나가도 꽃도 단풍도 다 볼 수 있는데, 왜 그렇게 멀리까지 가는 건지 이해가 안 된다고 했다. 이 말을 들을 때면 나는 이렇게 말하고 싶다. "시간이 흘러 나이 들어보면 알게 될 거예요."

가을이 깊어지면 단풍이 들기 시작한다. 단풍은 기후 변화로 식물의 녹색 잎이 붉은색, 노란색, 갈색 등으로 물드는 현상이다. 하루 최저기온이 5도 이하로 떨어지면 단풍이 물들기 시작한다.

나뭇잎은 엽록소를 이용해 광합성으로 에너지를 만드는데, 가을이 되면 낮의 길이가 짧아지고 기온이 추워지면서 광합성의 효율이 떨어진다. 이때 나무는 엽록소를 분해해 영양소를 줄기에 저장하고, 엽록소가 분해되면서 초록색이 사라지게 된다. 나무의 잎이 더 이상 활동하지 않으면서 나타나는 현상이다.

잎이 활동을 멈추면 엽록소가 파괴되고 자가분해가 진행된다. 엽록소의 자가분해 과정에서 안토시안 보조색소에 의해 붉은색, 갈색 계열 단풍이 들고, 안토시안이 생성되지 않은 식물은 잎 자체에 들어 있는 카로티노이드 보조색소에 의해 노란색 단풍이 든다. 가을에 비가 적게 오면 가뭄이 이어지고, 기온이 갑자기 떨어지면 엽록소의 파괴 속도가 빨라져서 나뭇잎의 색깔이 선명해진다.

형형색색의 단풍은 색깔에 따라 그 기능이 다르다. 첫째, 보조색소 중 붉은색 색소를 나타내는 안토시안은 자외선으로부터 식물을 보호하는 자외선 차단 기능이 있다. 안토시안은 나무를 새롭게 만들어내는 색소이기 때문에 매우 중요하다.

또한 안토시안은 다른 식물의 생존을 막거나 저해하는 '타감물질'을 만들기 때문에 붉은 단풍나무 근처에는 다른 식물들이 거의 살지 않는다는 특징이 있다.

둘째, 노란색을 띠게 하는 카로티노이드 보조색소는 광합성

과정에서 발생하는 활성산소로 인해 식물이 손상되지 않도록 활성산소를 제거하는 역할을 한다. 도심의 대기오염 문제를 해결하기 위해 심어둔 가로수가 가을철에 기온이 낮아져서 단풍으로 물들기 시작하면 휘발성 유기화합물(VOCs)이 방출된다.

휘발성 유기화합물은 대기 중으로 쉽게 증발되는 성질을 가진 기체나 액체상의 유기화합물을 말한다. 오존 생성과 광화학 반응을 일으키기 때문에 대기오염의 주요 원인이 된다.

미국 국립대기연구센터가 진행한 연구에 의하면, 녹색식물의 잎과 줄기가 단풍이 물들고 낙엽이 되어 마를 때까지 휘발성 유기화합물을 대량으로 방출한다고 한다.

자동차 배기가스나 산업체에서 나오는 매연, 휘발유의 증기 때문에 인위적으로 발생하는 휘발성 유기화합물과는 달리, 자연적인 형태이기 때문에 인체에 유해한 물질은 아니다. 다만 단풍에서 발생한 휘발성 유기화합물 역시 가을의 햇살과 광화학 반응을 일으켜 오존을 형성하기 때문에 호흡기에 악영향을 줄 수 있다.

다행인 점은 휘발성 유기화합물로 인한 오존 생성으로 미치는 악영향보다는 우리에게 미치는 이로운 점이 더 크다는 것이다. 대기 중의 오염물질을 흡수하고 정화하는 역할은 물론이고, 식물이 분비하는 살균 물질인 피톤치드 덕분에 긍정적인 영향을 받기 때문이다.

 단풍은 그저 가을 풍경을 아름답게 물들이는 것뿐 아니라 다양한 역할을 하고 있다. 노랗고 빨갛게 물드는 나뭇잎을 보면서 '아름답다'라고 생각하다가 문득 '내년 봄을 위해 이렇게 치열하게 움직이고 있구나'라는 생각이 든다.

 인생을 사계절에 빗대어보면 중년기는 가을에 해당하는 것 같다. 가을 단풍이 아름다운 것처럼, 중년기도 인생에서 가장 여유로운 시기이자 사회적으로도 가장 상위에 있는 시기다.

 한편 또 다른 세대의 삶을 생각해봐야 하는 시기이기도 하다. 내가 가진 개인적 역량들이 자녀에게 어떤 영향을 미칠지 고려해야 하고, 현재의 사회 제도나 가치가 다음 세대에게 어떤 영향을 미칠지도 고려해서 행동해야 하는 시기다. 이처럼 우리 다음의 세대를 고민하고 준비할 때, 다음 세대는 더 풍요롭고 안정된 꽃을 피울 수 있다.

# 마음의 면역력은 어떻게 생기는 걸까?

여름이면 폭염이 지속된다. 5월에서 9월 사이에 일일 체감온도가 최고 33도 이상으로 2일간 지속되는 때를 폭염이라고 한다. 33도 이상이 2일 이상 지속되면 '주의보'를, 35도 이상이 2일 이상 지속되면 '경보'를 발령한다.

가을에서 겨울로 넘어갈 즈음에는 일교차가 커진다. 한파주의보는 아침 최저기온이 전날보다 10도 이상 내려가면서 3도 이하, 평년값보다 3도 낮을 것으로 예상될 때 발표된다.

또한 아침 최저기온인 영하 12도 이하로 2일 이상 지속될 것이라 예상될 때, 급격한 저온현상으로 중대한 피해가 예상될 때

한파주의보를 발효한다. 낮과 밤의 기온차가 10도 이상 날 때 한파라고 한다. '기온차가 심하니 옷을 따뜻하게 입으세요' 수준이 아니라, 급격한 기온 차이로 인해 신체가 적응하는 것이 어려울 수도 있다는 메시지다.

기온차가 크면 우리 몸은 적응을 하기 위해 바빠진다. 이 과정에서 면역력이 약해지고 그 결과 바이러스가 침투한다. 그래서 감기나 독감에 걸리고 만다. 이러한 질환에 걸리지 않으려면 면역력을 키워야 한다.

우리의 인생은 생각보다 평탄하지 않다. 짧다면 짧은 시간, 참으로 많은 일들이 일어난다. 그래서 인생은 다채롭다. 기후 변화로 인한 자연재해도 있고, 인간의 부주의한 마음 때문에 발생하는 인적재난도 있다. 어떠한 연유로 일어났든 재난이라는 것은 갑작스럽게 일어난다.

사람들은 건강을 챙기기 위해 새벽에 수영을 하고 저녁이면 피트니스 센터를 간다. 주말에는 등산을 하면서 체력을 단단하게 만들어간다. 우리는 살아가면서 갑작스러운 스트레스 상황에 내몰리기도 한다. 이런 스트레스를 적절하게 대처하지 않으면 심리적인 외상을 겪는다.

그런데 외부에서 일어나는 갑작스러운 사건일지라도 잘 견디는 사람이 있고 그렇지 못한 사람이 있다. 어려움을 극복하고 자기 삶을 성장으로 이끄는 사람이라면, 이들은 마음의 면역력이 튼튼한 사람들이다.

이들의 면역력은 어디에서 오는 것일까? 생물학적으로 면역력은 실제 질환과 유사한 병균을 신체에 소량 주입해서 우리 몸이 잘 견디도록 하는 것에 있다. 그래서 병균이 들어왔을 때 이들과 싸울 수 있는 상비군을 만들어놓는다. 그렇다면 마음의 면역력은 어떤 것들이 있을까? 그리고 어떻게 준비해야 할까?

한 연구 결과에 의하면, 자아가 건강하고 자아탄력성이 높은 사람들은 위기나 어려움이 왔을 때 이를 잘 견딘다고 한다. 본래의 생활로 회복하는 것이 비교적 잘된다고 한다.

자아탄력성은 어려움, 스트레스, 불행 등의 상황에서도 자기감정을 조절하면서 빠르게 회복하거나 상황을 극복해내는 힘이다. 그래서 어려운 일들이 닥쳤을 때 자아탄력성이 높은 사람은 긍정적으로 대처해 금방 회복한다. 이는 개인의 긍정적인 태도가 영향을 미친 것이다.

또 다른 하나는 관계다. 살면서 소소하게 이야기를 나눌 수 있는 친구들, 이웃과의 상호작용은 심리적으로 어려울 때 견뎌내게 하는 좋은 자원이 될 수 있다.

물론 인간이 겪는 많은 어려움 중에 공통적으로 들어가는 것이 인간관계이기는 하지만, 그럼에도 주변에 좋은 사람이 있다는 것은 자신이 처한 어려움을 헤쳐 나가는 데 보탬이 되는 것도 사실이다. 그래서 평소에 사람들과 원만한 관계를 만들어놓는 것이 나를 위한 일이다.

인간은 위기에 처했을 때나 불안할 때 혼자 있기보다는 사람들과 있으려고 한다. 미국의 사회심리학자 스탠리 샤흐터(Stanley Schachter)가 흥미로운 실험을 진행했다. 피험자들에게 불안한 상황을 유발한 후, 그들이 실제로 실험실에서 대기하는 동안 혼자 있을지 여럿이 있을지를 묻는 실험이었다.

불안상황에서의 피험자들은 다른 피험자들과 같이 대기하겠다고 했다. 이후 이들은 실제로도 더 적극적으로 친밀해졌다. 즉 불안할수록 사람들과 친밀감, 유대감을 함께 느끼려고 한다는 것이다. 이는 사람들과의 관계를 통해 심리적 안정을 찾으려 한다는 사실을 알 수 있다.

관계는 그냥 만들어지지 않는다. 그러니 타인이 하는 말에 귀를 기울여야 한다. 그리고 갈수록 고집이 세지지는 않는지 자신을 들여다봐야 한다. 이 시기에 주변 사람들의 말에 귀를 기울이지 않으면 앞으로는 더 귀를 기울이지 않을 것이다.

# 비현실적인 낙관성을
# 장착한 채 살아가보자

50대라면 '시금치는 건강에 좋다'라고 생각할 것이다. 시금치를 잘 먹으면 '뽀빠이'처럼 건강해진다는 생각 말이다. 그런데 시금치가 맛있는 음식은 아닌 것 같다. 그저 몸에 좋으니 먹어야 하는 음식으로만 생각된다.

'뽀빠이처럼 시금치를 먹으면 힘이 세진다'라는 설정 이면에는 비화가 숨겨져 있다. 이는 미국의 대공황 시기와도 관련 있다. 경제적으로 어렵고 먹을 수 있는 음식도 충분하지 않은 시기였기에 사회적으로 활력을 불어넣을 아이디어가 필요했다.

당시 한 작가가 '뭐 괜찮은 식품이 없나' 하고 영양 정보가 실린 책을 뒤적였다. 그러다가 '시금치에 철분이 다량 포함되어 있다'라는 글을 발견하고는 시금치 관련 자료를 만들면서 열풍이 불었다.

그런데 알고 보면 당시 그 책의 시금치 철분 표시에 소수점 하나가 오른쪽으로 잘못 옮겨져 있었다. 오타 때문에 철분 함유량이 10배나 부풀려진 것이다. 이는 분명 잘못된 수치였지만 대중들에게는 사실인 양 퍼져나갔고 '시금치라는 채소는 철분이 풍부한 수퍼푸드'라고 인식되었다. 이후 시금치는 빈혈을 예방하고 에너지 보충에 탁월한 성장기 필수 채소로 자리잡았다.

실제로 시금치의 철분 함유량은 다른 채소들과 크게 차이가 나지 않는다. 게다가 뽀빠이가 힘이 세지는 이유가 '시금치의 철분' 때문이라고 언급한 적도 없었다.

"뽀빠이처럼 힘이 세지려면 시금치를 많이 먹어야 해"라는 말에 억지로 시금치를 먹었던 아이들이 알면 낙담할 소식이다. 오류라는 사실이 나중에 밝혀지기는 했지만, 시금치는 건강한 채소의 대표격으로 사람들의 기억에 남아 있다.

우리는 살면서 과학적으로 해석이 가능하거나 객관적으로 입증된 정보만 듣고 보는 것은 아니다. 때로는 잘못된 사실일지라도 행복했다면 그것만으로도 충분하지 않겠는가.

사회심리학자 페스팅거는 "사람들은 타인과 자신을 비교하면서 자신의 능력이나 가치를 평가한다"라고 주장했다. 이것은 2가지로 구분되는데 바로 상향비교와 하향비교다.

상향비교는 자신보다 나은 사람과 비교해서 동기를 부여받거나 열등감을 느끼는 것이고, 하향비교는 자신보다 낮다고 느끼는 사람과 비교해서 위안을 얻고 자존감을 높이는 것이다.

연구에 따르면, 사람은 자신이 다른 사람과 비교해서 얼마나 잘하고 있는지를 알기 위해, 더 나은 삶을 살고자 하는 동기로, 그리고 다른 사람들과 유사성을 찾아서 사회적 관계를 유지하기 위해 비교를 한다는 것이다. 이러한 기능을 가진 사회적 비교는 우리 정서에도 영향을 미친다. 우울한 사람이라면 자신의 능력을 상향비교하려는 경향이 많고, 행복한 사람이라면 자신의 능력을 하향비교함으로써 자신이 유능하다고 생각하려는 경향이 있다.

또한 사람들은 바람직하다고 여기는 특성에 있어 자신들을 평균 이상으로 여기는 경향이 있다. 대부분의 기업가들은 자기의 윤리의식이 다른 기업가보다 높다고 생각하고, 운전자들은 자신의 운전 실력이 다른 사람보다 좋다고 생각한다는 것이다. 그리고 직장을 다니는 사람들은 자신의 업무수행 능력이 다른 사람보다 더 뛰어나다고 생각한다는 것이다. 심리학자들은 이러한 현상을 '비현실적 낙관성'이라고 이름 붙였다.

사람들은 자신이 바람직한 특성을 갖고 있고 이러한 특성을 가진 사람은 소수이며, 만약 자신이 바람직하지 못한 특성을 갖고 있다면 다른 사람들도 그럴 것이라 여김으로써 자신의 우월감을 유지하고자 한다는 것이다.

고로 우리는 비현실적 낙관스러움을 적당히 장착한 채 살아가야 하지 않을까? 그래야 더 행복하게 살아가는 것 아닐까? 때로는 사실이 중요한 것이 아니라 믿고 있는 것이 중요하다.

# 행복은
# 이 순간 느끼는 감정이다

최 씨는 오래전에 큰 수술을 했었다. 새롭게 시도되는 이식 수술이라서 수술 날짜를 잡고는 창밖에 핀 노란 개나리를 보면서 '내가 저 꽃을 다시 볼 수 있을까'라고 생각했다. 그러면서 유언장도 작성했다.

다행히 수술은 성공적으로 끝났다. 그는 수술이 잘 끝난 다음에도 주기적으로 유언장을 작성했다. 살아 있음에 대한 감사의 마음을 담아서. 그는 지인들과 만나 대화를 나누는 것도 감사한 일이고, 아침 산책길에 들꽃을 보는 것도 감사한 일이라고 했다. 어떤 때는 비 오는 것을 보면서 감사한 일이라고 생각했다.

한 방송 프로그램에서 유명 배우가 큰 병을 앓았던 일을 이야기했다. 그는 시간의 소중함을 느끼고 나니 너무 미래의 삶만 생각하며 살았던 게 후회된다고 했다. 그리고 불필요한 것에 시간을 허비하고 있는 자신을 발견했다. 그러고는 '그것이 무슨 의미가 있나' 하는 생각이 들었다. 그래서 지금 이 순간이 가장 중요하다고 느꼈다. 지금 내 앞에 선 사람의 표정을 한 번 더 봐주고, 그가 입은 옷을 한 번 더 칭찬해주고, 상대방이 하는 말에 고개 한 번 더 끄덕여준다고 했다.

상담학 책을 보면 'here and now(지금 여기)'라는 표현이 자주 등장한다. 지금 이 순간에 어떤 생각을 하는지, 어떤 감정인지 알아가는 게 중요하다는 뜻이다.

그런데 지금 이 순간에 어떤 일이 일어나고 있는지 알아가는 것은 생각보다 어렵다. 그 순간순간마다 망령처럼 내 생각과 감정을 파고드는 것들이 있으니 말이다.

가장 강력한 방해꾼은 나 자신이다. 우리는 이야기하는 중에도 '이 사람이 나를 멋지게 봐야 할 텐데' '내가 뒤통수를 칠 법한 멋진 말을 해야 할 텐데' '재미있고 특이한 말을 해야 할 텐데'라는 생각에 빠져 있다.

우리는 언제부터인가 자기 감정을 소중히 여기지 않고 무의식의 저 어디쯤으로 밀어내버린다. 내 감정을 수용하기보다 중요하지 않은 것으로 간주하는 것이다. 그래서 우리는 현재에 살고 있으면서 현재에 살지 않고, 과거 어디쯤에서 지배받고 있는 것이다.

　많은 연구에 따르면, 감사함을 느끼는 것은 우리가 삶을 행복하게 살아가는 데 중요한 요소라고 한다. 감사함을 많이 느끼고 경험할수록 삶의 질은 더 높아지며 행복을 경험한다.

　지금 이 순간, 감사함을 느끼는 삶이야말로 나를 행복으로 이끄는 길이다. 그래서일까? 오래전에 수술을 한 그분은 지금도 주변 사람들과 자연에게 감사하다는 말을 전하고 있다.

# 좋은 소식에 슬퍼하고
# 나쁜 소식에 기뻐하다

어느 날 어르신들을 대상으로 프로그램을 진행한 적이 있다. 한 어르신이 "여기에서는 자식 자랑을 하면 안 돼. 그러면 사람들이 싫어해"라고 하셨다. 또 어떤 어르신은 "모임에서 남편 자랑, 아내 자랑, 자식 자랑을 하면 벌금을 물린다"고 했다.

우리는 좋은 이야기를 하는 것을 선호하는가, 아니면 그렇지 않은 이야기를 하는 것을 선호하는가? 우리는 주변 사람들의 좋은 소식에 기뻐하는가, 아니면 슬픈 소식에 기뻐하는가? "소문은 잘된 일보다 못된 것이 더 빠르다"라는 속담이 있다. "나쁜 소문은 날아다니고 좋은 소문은 기어다닌다"는 말도 있다. 미담보다

악담이나 험담을 더 즐기는 사람들의 심리가 잘 드러난 말이다.

상사에게 나쁜 소식과 좋은 소식을 알려야 하는 상황이라면 어떤 소식을 먼저 전하는 게 좋을까? 미국 캘리포니아주립대학의 심리학자 안젤라 레그(Angela Legg)는 연구 참가자 121명에게 "좋은 소식과 나쁜 소식 중에서 어떤 소식을 먼저 알리겠습니까?"라고 질문했다. 좋은 소식을 먼저 알리겠다고 대답한 사람은 54%, 나쁜 소식을 먼저 알리겠다고 대답한 사람은 46%였다. 좋은 소식을 먼저 알리겠다는 사람이 약간 더 많았다.

질문을 바꿔 "당신이 알리는 입장이 아니라 듣는 입장이라면 나쁜 소식과 좋은 소식 중에 어떤 것을 먼저 듣고 싶습니까?"라고 물었다. 이번에는 78%가 나쁜 소식을 먼저 듣고 싶다고 대답했다. 이 실험을 통해 알리는 사람은 나쁜 소식을 나중에 알리고 싶어 하지만, 듣는 입장이 되면 나쁜 소식을 먼저 듣고 싶어 한다는 것을 알 수 있다.

20대, 40~50대 각 100명씩 스튜디오에 초대해서 소문 전파 실험을 진행했다. 심리학 강의를 들으러 온 줄 알았던 참여자들에게 사전 고지 없이 '어느 연예인이 자살했다'는 부정적인 소문과 '어느 연예인이 아이를 입양해서 키우기로 했다'는 긍정적인 소문을 전달했다. 그러고는 소문이 퍼져나가는 속도를 지켜보았다.

실험 결과 20대는 '자살했다'는 소문을 모집단 100명에게 곧바로 퍼트렸다. 81%가 소문을 들었고 86%가 소문을 전했다. 반면에 선행 관련 소문은 18%만 들었다고 대답했고, 이 소문을 전달한 이들도 4%에 그쳤다.

40~50대의 경우도 마찬가지였다. 나쁜 소문은 84%, 좋은 소문은 16%의 비율로 퍼져나갔다. 또한 불안감이 높은 집단이 그렇지 않은 집단에 비해 4배가량 소문을 더 많이 듣는다는 사실도 밝혀졌다.

이 연구 결과가 뜻하는 바는 무엇일까? 인류는 수많은 경험을 하면서 자신의 생명에 위협이 되는 소식이라면 좋은 소식보다 더 빨리 전파하도록 발달해왔다.

동물들을 보면 포식자가 나타나면 경계음을 내면서 동료들에게 빠르게 전파를 하지 않는가? 만약 미어캣이 경계 근무를 하다가 포식자를 발견하고 느리게 전파하면 큰일나지 않겠는가? 이는 본능이며 생존과 관련된 문제다.

반면에 즐거운 소식, 밝은 소식은 전파 속도가 느리다. 웃으면서 말해도 그걸 다 들어야만 왜 즐거운지를 알 수 있다. 소문은 사람들의 입에서 입으로 전해지는 말이다. 내용의 진위는 알 수 없지만 대개 거짓이라는 쪽에 무게를 둔 표현이다.

소문에도 법칙이 있다. "소문 중에 입소문이 가장 빠르다" "소문 당사자가 가장 늦게 안다" 같은 말만 봐도 알 수 있다. 그중에서 제일 앞자리에 서게 될 말은 "좋은 소문보다 나쁜 소문이 더 빨리 퍼진다"가 아닐까 싶다. 아마 모두가 공감할 것이다. 정말로 좋은 소문보다 나쁜 소문이 더 빨리 퍼지는 것 같지 않는가? 나쁜 소문일수록 쉽게 내뱉고 빨리 받아들여지니 더 넓고 빠르게 퍼져 나간다.

조선시대 한문소설 「은애전」을 보자. 전라도 강진에 살고 있는 18세 '김은애'라는 여인이 주인공이다. 이 소설은 여인이 자신의 정절을 헐뜯고 비방하고 다닌 노파를 칼로 찔러 처참하게 죽인 사건을 다루었다.

한동네에 사는 퇴물 기생 노파는 평소 은애의 집에 드나들면서 쌀이나 콩, 소금 등을 자주 꿔서 먹었다. 그러나 흡족하게 도움을 주지 않는 것에 앙심을 품고 혼인 적령기였던 은애의 정절을 모함해 혼삿길을 막히게 한다. 은애가 동네 총각과 정분이 나서 밤마다 담을 넘어 만난다는 헛소문을 퍼뜨린 것이다.

엉뚱한 소문이라고 믿지 않는 사람도 있었지만 노파는 더 적극적으로 소문을 퍼뜨렸다. 소문은 날개를 달고서 날았다. 결국 온 동네 사람들의 입에 오르내리기를 2년. 은애는 부끄럽고 원통해서 더 이상 참지 못하고 노파를 살해하고 만다.

은애는 관가에 끌려가 문초를 받는다. 규중처녀로서 모함을 받은 자신의 원통함을 이야기하며 사람을 죽인 죗값은 달게 받겠다고 말한다. 사건의 내막을 조사하던 관리는 은애의 사정을 딱하게 여겨 사건의 전말을 상부에 올려 심의하게 했다. 결국 정조(貞操)를 지닌 여자가 음란하다는 모함을 입은 것은 천하에 원통한 일이라고 하면서 은애를 놓아주라는 판결이 내려진다. 은혜를 앙갚음하려는 노파의 방정맞은 '입'이 모두를 불행하게 만든 것이다.

소문은 눈덩이처럼 사납다. 관용적으로 "소문이 사납다"라고 쓴다. 진원도, 진위도 알 수 없는 말 한마디가 눈덩이처럼 불어나 사람을 잡아먹기까지 하니, 사나워도 보통 사나운 게 아니다.

겨울날 주먹만 한 눈덩이를 눈밭에 굴리면 금세 큰 눈덩이가 된다. 비탈진 곳에서 아래로 굴리면 가속도가 붙는다. 걷잡을 수 없을 정도로 불어나 사람을 다치게도 한다. 소문도 그렇다. 우리 주변에서도 심심찮게 볼 수 있다. 헛소문 때문에 삶을 비관해 목숨을 끊은 연예인도 있고, 작은 소문이 씨앗이 되어 가정이 파탄 난 부부도 있다. 헛소문을 퍼뜨린 친구를 찾아가 살인을 저지른 청소년도 있다.

타인의 부정적인 일면에만 관심을 갖고 이를 다른 사람에게 말하는 것은 좋지 않다. 뒷담화 내지는 나쁜 소문의 근원지, 혹은 경유지 역할을 하는 것은 사람들의 평판에서도 좋지 않다.

그런데 인간은 비교적 합리적인 동물이 아니다. 때로는 자신의 행동이 비합리적이라는 것을 알면서도 그 비합리성을 기꺼이 감수하려 든다. 그리고 감정이 비합리적 행위의 동기로 작용하기도 한다. 부정적인 가십에 끌리는 것도 그것이 주는 감정적 이익이 있기 때문이다. 그 감정적 이익이 우월감이다.

사람들은 다른 사람의 나쁜 점을 알게 되었을 때 상대적인 우월감을 갖는다. 그 우월감은 쾌감을 불러온다. 네덜란드 흐로닝언대학교 교수 엘레나 마르티네스쿠(Elena Martinescu)는 가십에 관한 연구를 했다.

이 연구를 통해 "다른 사람의 부정적인 가십을 받아들이는 사람들은 그것을 자신의 가치를 높이는 데 사용하는 경향이 있다"라고 했다. 자신을 평가하기 위해 다른 사람에 대한 평가 정보가 필요하며, 다른 사람의 평가가 낮을수록 상대적으로 자신에 대한 평가가 높아진다는 것이다. 즉 다른 사람에 대한 부정적인 가십은 자신에 대한 높은 가치 평가를 정당화하기 위한 수단이 되는 셈이다.

이러한 경향에 대해 마르티네스쿠는 "대부분의 부정적인 소문은 대상을 해하기 위한 것이 아니라 가십의 생산자와 수요자를 기쁘게 하기 위한 것이다"라고 했다. 즉 다른 사람에 대한 부정적인 이야기로부터 얻는 상대적 우월감이 사람들을 가십에 이끌리도록 하는 것이다.

한 심리학자가 '다른 사람에 대한 부정적인 소문으로부터 멀어지는 방법'을 제시했다. 만약 누군가가 당신에게 다른 사람의 부정적인 소문에 대해 이야기를 꺼내면 이렇게 대답하면 된다. "그런데 나한테 그 얘기를 왜 해요?"

이 질문은 2가지 효과를 낸다. 하나는 소문을 내거나 말을 옮기려는 사람이 갖고 있는 동기를 무너뜨리는 효과다. 다른 하나는 그런 대화에 끼고 싶지 않다는 사실을 상대에게 알리는 효과다.

바뤼흐 스피노자(Baruch Spinoza)는 "기쁜 감정을 가까이 하고 슬픈 감정을 멀리 하라"고 했다. 하지만 기쁜 감정에도 수준이 있고 품격이 있다. 다른 사람에 관한 좋지 않은 이야기를 듣고 말하는 것으로 만든 기쁨이라는 감정은 수준 미달이다. 그리고 그런 것들로 세워진 자존감은 불량품이라는 걸 알아야 한다. 적어도 오십에는.

# 행복은
# 혹독한 시간을 버티게 한다

순수한 육체적 쾌감은 피부, 특히 입, 성기, 항문, 귀, 코와 같은 신체 부위에서 느껴지는 감각과 밀접하게 관련되어 있다. 이러한 신체 부위는 대부분 몸의 안팎으로 물질의 교류가 이루어지는 곳이다.

쾌감은 사람과 환경 사이에서 일어나는 교류를 예민하게 감지하고 감독함으로써 생존에 필요한 적응적 기능을 하는 것이다. 유쾌한 감각은 그러한 감각을 유발한 물질이 우리에게 안전하고 유익하다는 것을 의미하며, 물질의 지속적인 유입을 촉진하려는 신체적 반응이다.

우리의 감각 경험은 매 순간 변한다. 우리가 즐거운 경험을 묘사하거나 평가할 때 그런 경험에 대한 기억에 의존한다. 사실 우리가 느끼는 즐거움은 '지금 여기'의 순간적인 감각보다 기억의 형태로 경험되는 경우가 더 많다.

과거의 기억을 어떤 경험에 근거해서 구성하는 것일까? 경험을 구성하는 매 순간의 감각들을 충실하게 합산하거나 요약해서 기억하는 것일까? 노벨 경제학상을 수상한 심리학자 대니얼 카너먼(Daniel Kahneman)은 "과거에 대한 기억은 그 경험을 하는 동안 가장 강력했던 감각과 그 경험의 마지막 부분에서 느낀 감각에 의해 영향을 받는다"라고 했다. 그는 연구 참가자들에게 유쾌한 상황과 불쾌한 상황을 번갈아서 제시하고, 그 진행 과정에서 실시간으로 유쾌-불쾌의 정도를 평가하게 했다.

전반적인 평정 점수는 그러한 경험을 하는 과정에서 가장 극단적인 평정치와 그러한 경험이 종료하기 직전의 평정치의 평균 점수로 나타났다. 즉 어떤 경험을 하는 과정에서 가장 강렬한 감각을 느낀 절정 경험과 그 경험이 끝나는 시점에서 느낀 종료 경험이 전체 경험의 평가에 중요한 역할을 한다는 것이다.

우리는 유쾌한 것이든 불쾌한 것이든 어떤 경험이 얼마나 오랫동안 지속되었는지를 중요하게 여기지 않는다. 중요한 것은 가장 강렬했던 쾌감의 수준과 마지막 순간에 경험한 쾌감의 수준이라는 것이다.

이러한 연구 결과들은 '즐거운 경험을 하게 될 때 그 경험이 단지 오래 지속되도록 하기보다는 강렬한 즐거움을 느끼는 절정 시점을 만들고 끝부분을 즐겁게 해서 나중에 돌이켜볼 때 긍정적인 경험으로 기억되도록 만들 수 있다'는 것을 시사한다. 즉 적당히 맛있는 음식을 여러 개 내놓기보다 아주 맛있는 하나의 음식과 산뜻한 디저트를 내놓는 식당을 찾는다는 뜻이다.

데이트를 할 때도 그렇다. '적당히' 즐거운 곳을 여러 군데 다니기보다는 한 군데이지만 아주 유쾌한 곳에서 시간을 보내면, 헤어질 때 좋은 인상을 심어주기에 다음 데이트를 신청하는 데도 도움이 된다는 것이다.

노년기에 자기 인생이 얼마나 행복했는지를 회고하는 사람에게는 그동안 살아오면서 가장 행복했던 몇몇 순간들과 노년기인 현재의 행복 정도가 중요한 영향을 미칠 것이다. 어쩌면 우리의 인생은 혹독했던 삶 속에서 행복했던 몇 개의 사건으로 버티고 있는 것일지도 모르겠다.

## 오십의 심리 처방전

초판 1쇄 발행 2025년 8월 20일

지은이 | 김은미
펴낸곳 | 믹스커피
펴낸이 | 오운영
경영총괄 | 박종명
기획편집 | 김형욱 최윤정 이광민
디자인 | 윤지예 이영재
기획마케팅 | 문준영 박미애
디지털콘텐츠 | 안태정
등록번호 | 제2018-000146호(2018년 1월 23일)
주소 | 04091 서울시 마포구 토정로 222 한국출판콘텐츠센터 319호(신수동)
전화 | (02)719-7735    팩스 | (02)719-7736
이메일 | onobooks2018@naver.com    블로그 | blog.naver.com/onobooks2018
값 | 19,000원
ISBN 979-11-7043-662-1 03180

* 믹스커피는 원앤원북스의 인문·문학·자녀교육 브랜드입니다
* 잘못된 책은 구입하신 곳에서 바꿔드립니다.
* 이 책은 저작권법에 따라 보호받는 저작물이므로 무단 전재와 무단 복제를 금지합니다.
* 믹스커피는 독자 여러분의 소중한 아이디어와 원고 투고를 기다리고 있습니다.
  원고가 있으신 분은 onobooks2018@naver.com으로 간단한 기획의도와 개요, 연락처를 보내주세요.